Taschenbücher für die Wirtschaft
Band 45

Aktives Zuhören

Eine Anleitung zur erfolgreichen Kommunikation

von

Dr. Lyman K. Steil
Joanne Summerfield
George DeMare

Übertragung aus dem Amerikanischen
von Dr. Gerhard Pillhofer

I. H. Sauer-Verlag GmbH
Heidelberg

Originaltitel: Listening. It Can Change Your Life.

Authorized translation from English language edition published by John Wiley & Sons, Inc.
ISBN 0-471-86165-0

CIP-Kurztitelaufnahme der Deutschen Bibliothek

Steil, Lyman K.:

Aktives Zuhören : e. Anleitung zur erfolgreichen Kommunikation / von Lyman K. Steil ; Joanne Summerfield ; George DeMare. Übertr. aus d. Amerikan. von Gerhard Pillhofer. – Heidelberg : Sauer, 1986.
(Taschenbücher für die Wirtschaft ; Bd. 45)
Einheitssacht. : Listening <dt.>
ISBN 3-7938-7751-5

NE: Summerfield, Joanne:; DeMare, George:; GT Mare, George de

ISBN 3-7938-7751-5

Satz: Lichtsatz Michael Glaese GmbH, 6944 Hemsbach

Druck und Verarbeitung: Wilhelm & Adam Werbe- und Verlagsdruck GmbH, 6056 Heusenstamm b. Offenbach

Umschlagentwurf: H. König, 6700 Ludwigshafen a. Rhein

Printed in Germany

Ein Beamter, der den Gesuchen seiner Bürger Gehör schenken muß, sollte geduldig und ohne Groll zuhören, weil es den Bittsteller in erster Linie nach Aufmerksamkeit für das, was er sagt, verlangt, mehr noch als nach der Bewilligung des Geforderten.....

Ptahhotep, ein ägyptischer Pharao

Es ist die Krankheit des Nichtzuhörens, das Leiden, nicht zu bemerken, was mich alles bekümmert.

Shakespeare: Heinrich IV.

Wir Kaiser sind keine Cäsaren... Die Klägerin, der ich es eines Tages abschlug, sie bis zum Ende anzuhören, hatte recht, als sie ausrief, daß, wenn ich keine Zeit hätte, ihr zuzuhören, ich auch keine Zeit hätte zu herrschen.

Yourcenar: Die Memoiren Hadrians

Vorwort

Das vorliegende Buch ist das Ergebnis der gemeinsamen Anstrengung vieler. Es dringt tief in die Materie ein und enthält weitreichende Schlußfolgerungen: wie bei einem Baum mit tiefen Wurzeln auch das Astwerk entsprechend breit ist.

Im Mittelpunkt steht die über 20 Jahre lange Forschungsarbeit von Dr. Lyman K. Steil über Kommunikation und Zuhören. Tausende von Interessenten auf der ganzen Welt haben bereits an seinen Seminaren an Universitäten und bei Unternehmen mit Erfolg teilgenommen.

Eine weitere Grundlage dieses Buches stellen die 25 Interviews dar, die Joanne Summerfield mit bekannten Persönlichkeiten aus Forschung und Technik gemacht hat. Sie ist weit gereist, um mit ihnen die Probleme des Zuhörens und ihren persönlichen Erfahrungshintergrund zu erörtern. Allein ihre unredigierten Mitschriften hätten ein umfangreiches Buch ergeben.

Wir wünschen, daß der Leser Nutzen aus den wiedergegebenen Erfahrungen und unseren gemeinsamen Anstrengungen ziehen kann und von nun an ein guter Zuhörer ist!

Die Autoren

Inhaltsverzeichnis

1. Einleitung: Die Hälfte seines wachen Lebens verbringt der Mensch mit Zuhören

Als wir uns diese Studie über das Zuhören vornahmen, beschlossen wir, mit Wissenschaftlern und Praktikern darüber zu sprechen, welche Rolle das Zuhören in ihrem Leben spielte.

Mehrere Antworten tauchten, in verschiedenen Formen, immer wieder auf: „Wir wissen nicht, wie man zuhört..." „Wir sprechen immer nur zu uns selbst..." „Ich verpaßte die Chance meines Lebens, weil ich nicht auf das achtete, was er sagte..." „Ich hörte ihm zu, und das veränderte mein Leben..."

Gerade diesen letzten Satz hörten wir häufig, ausgedrückt auf unterschiedliche Art. Nebenher lief natürlich, was wir persönlich erlebten und auch an anderen bemerkten: Sich selbst und seine Zuhörgewohnheiten zu analysieren, kann das eigene Leben verändern.

Das Buch basiert daher auf zahlreichen ehrlichen und ernsten Gesprächen mit Vertretern aus der Welt der Wissenschaft und Technik, die Bedeutendes für unsere Gesellschaft geleistet haben. Ihre Aussagen kommen an vielen Stellen zur Sprache. *„Aktives Zuhören"* soll dem Leser helfen, seine eigenen Erfahrungen und Gewohnheiten zu überprüfen. Es soll ihm zeigen, was man über das Thema Zuhören bereits herausgefunden hat, aus welchen Bausteinen sich Zuhören zusammensetzt und wie die Kommunikation zusammenbricht, wenn einer sich falsch verhält. Es zeigt, welche entscheidende Rolle das Zuhören im Kommunikationsprozeß spielt und was nötig ist, um die Haltung und Fertigkeiten eines guten Zuhörers zu erwerben. Unsere Erfahrung hat gelehrt, daß sogar der Versuch, sich selbst als Zuhörer zu beobachten und die eigenen Fähigkeiten im Gespräch zu verbessern, das Leben entscheidend beeinflussen kann.

Dieses Buch zu schreiben, hat auch unser Leben verändert. Und es hat – nach den Aussagen derer, die unsere Seminare über das Zuhören besucht und die ihr Verhalten als Zuhörer beobachtet haben – die Wahrnehmung verändert, die man von sich selbst als Mensch in der Gesellschaft hat.

Das vorliegende Buch basiert auch auf den Forschungsergebnissen des Mitautors Dr. Lyman K. Steil, langjähriger Vorsitzender des Bereichs Verbale Kommunikation am Institut für Rhetorik der Universität von Minnesota in St. Paul und ehemaliger Präsident der International Listening Association. Er half, vieles von dem, was über die wichtigste, meistbenutzte und doch am wenigsten entwickelte Fertigkeit im menschlichen Kommunikationsprozeß bekannt ist, nämlich die Fähigkeit zuzuhören, zusammenzutragen und in eine verständliche und benutzerfreundliche Form zu bringen.

Welche Folgerungen sind nun aber aus diesen Studien zu ziehen, und wieso hat in den letzten Jahren das Interesse am Zuhören und dem Erlernen von Zuhörtechniken so stark zugenommen? Die Erkenntnisse sind erstaunlich!

Wenige Menschen erkennen, welch großen Teil des Lebens sie mit Zuhören verbringen, wie unachtsam sie das tun und wieviel sie das kostet. Noch weniger begreifen, wie wichtig Zuhören für sie sein kann – in wirtschaftlicher, gesellschaftlicher und persönlicher Hinsicht. Aber die allerwenigsten, die wir getroffen haben, wußten überhaupt, was Zuhören wirklich bedeutet oder wie schwer es ist, gut zuzuhören.

Die Forschungsergebnisse seit Ende der zwanziger Jahre zeigen, daß der Mensch etwa 70–80% seines wachen Lebens mit Kommunikation und etwa die Hälfte davon, 45%, wiederum mit Zuhören verbringt, im Vergleich zu 30% Sprechen, 16% Lesen und 9% Schreiben. Das ist interessant, wenn man bedenkt, daß Zuhören, die Kommunikationsfähigkeit, von der wir am meisten abhängen, in unserem Bildungssystem praktisch keinerlei Beachtung findet, während das am wenigsten benutzte Lesen und Schreiben fast unseren gesamten Stundenplan ausfüllt. Man scheint angenommen zu haben, daß Zuhören keine *erlernbare* Fähigkeit, sondern angeboren ist, und daß es sich hier um eine passive Funktion handelt, die keine Übung erfordert wie Sprechen, Lesen und Schreiben, sondern daß Zuhören im Grunde Bestandteil der Intelligenz sei. Und doch läßt sich praktisch ohne Einschränkung sagen, daß – gleich welchen Maßstab man anlegt – die Menschen im allgemeinen nicht wissen, wie man zuhört.

Seit einigen Jahren testen nun Dozenten einer Anzahl von Universitäten die Zuhörfähigkeiten Tausender von Studenten und Hunderter Personen aus Wirtschaft und freien Berufen. Dabei hört die Testperson jeweils einem kurzen Vortrag des Dozenten zu und wird dann danach beurteilt, inwieweit sie den Inhalt verstanden hat. Diese umfangreichen Tests führten uns zu einer allgemeinen Schlußfolgerung: Unmittelbar nach dem Zuhören hat der Mensch im Durchschnitt nur die Hälfte dessen gehört, was gesagt wurde, und nur einen Teil dessen richtig verstanden, was er gehört hat, ganz gleich, wie sorgfältig er zuzuhören glaubte. Was passiert nun bei wachsendem Zeitabstand? Die Tests zeigten, daß der durchschnittliche Zuhörer 8 Stunden *nach* einem Vortrag sich nur noch an ca. 25% von dem erinnert, was gesagt wurde.

Demnach stellt sich die Frage: Welche Folgen ergeben sich aus unserer Unfähigkeit, gut zuzuhören, und welchen Wert hat gutes Zuhören?

Sie finden in diesem Buch die Aussagen vieler Vertreter aus Wissenschaft und Technik und anderer, die über Katastrophen und Verluste berichten, die wegen mangelnden Zuhörens entstanden, aber auch über die Vorteile und den Gewinn guten Zuhörens. Sie sprechen über ihr Leben und über Erfahrungen, die sie tief getroffen haben, über Lektionen, die ihnen erteilt wurden und über die Gewinne, die aus dem Erlernen der Kulturtechnik, anderen zuzuhören, erwuchsen. Obwohl es sich dabei um Personen handelt, deren Begabungen in unserer Gesellschaft ungewöhnlich sind, ist der Erwerb dieser Kulturtechnik für jeden von größter Bedeutung.

Kürzlich wurden Topmanager eines bedeutenden Unternehmens aus dem Technologiebereich nach der Rolle gefragt, die das Zuhören bei ihrer Arbeit spielt. Anschließend wurde ein Führungskräfteseminar zu diesem Thema anberaumt. Drei typische Kommentare von Teilnehmern lauteten:

> „Ich habe bisher nie über die Bedeutung des Zuhörens für meine Arbeit nachgedacht. Seit ich mir ihrer bewußt bin, weiß ich, daß Zuhören eine meiner Hauptaufgaben ist, daß ich fast 80% meiner Arbeit entweder mit Zuhören oder damit, daß mir jemand zuhört, verbringe."
>
> „Als ich über das, was in den letzten beiden Jahren schiefgegangen war, nachdachte, wurde mir klar, daß viele Fehlschläge dadurch verursacht worden waren, daß jemand etwas nicht gehört oder in verzerrter Weise aufgenommen hatte."
>
> „Es ist interessant, daß man sich in unserem Unternehmen auf die Kommunikation konzentriert und dabei unabsichtlich das Zuhören übersehen hat. Ich bin zu dem Schluß gekommen, daß Zuhören eines der schwächsten, aber gleichzeitig bedeutendsten Glieder in der ganzen Kommunikationskette darstellt. Wir werden nicht vorankommen, wenn wir nicht lernen, besser zuzuhören."

Diese Kommentare spiegeln einen Prozeß der Bewußtwerdung wider, der zur Zeit in Kreisen des Management stattfindet. Unternehmen werden durch ihre Kommunikationssysteme zusammengehalten. Diese Kommunikation, so entdeckt die Geschäftswelt, hängt mehr vom gesprochenen als vom geschriebenen Wort ab, und die Wirksamkeit des gesprochenen Wortes wird nicht so sehr davon bestimmt, wie die Menschen sprechen, sondern wie sie zuhören. Erst recht gilt dies für Naturwissenschaft und Technik, wo die Notwendigkeit von Konzentration und Genauigkeit offensichtlich ist, aber paradoxerweise der analytisch geschulte Verstand das meiste von dem, was gesagt wird, nicht wahrnimmt – mit Ausnahme dessen, was in den Grenzen seines eigenen Interesses als Ingenieur oder Wissenschaftler liegt.

Wir alle sind daran gewöhnt, nachlässig zuzuhören, und irgendwie haben wir im Laufe der Zeit die Kunst des Weghörens gelernt. Das folgende Zitat aus einem anderen Kontext beschreibt diese „Kunst" im Hinblick auf unsere wissenschaftlich, technologisch und industriell durchdrungene Welt:

> „Wem soll der hastende Mensch inmitten allen Lärms und einer Vielzahl von Stimmen und Geräuschen zuhören und wie soll er andere dazu bringen, ebenfalls zuzuhören, wenn dies doch so wichtig ist? Diese Problematik tangiert mehr als nur die Technik des Zuhörens; hier geht es um eine Gabe, die leider unter der Belastung und Ablenkung des Alltags fast völlig verloren gegangen ist. Jeder weiß, daß es heutzutage immer schwerer wird, sich zum Zuhören zu zwingen, und noch schwerer, andere dazu zu bringen. Vom langweiligen Lehrer, dessen Stunden man als Schüler absitzen mußte, bis zum ‚lieben' Freund, dessen Talent zum Schweigen seine Bekannten zu freundlichen, aber unechten Aufmerksamkeitsbezeugungen getrieben hat, alles hat sich dazu verschworen, den Menschen dazu zu bringen, daß

er aus Selbstverteidigung nicht zuhört. Diese schlechte Gewohnheit setzt sich fest, wenn der junge Mann ins Berufsleben eintritt, wo er auf seinem Weg nach oben oft gezwungen ist, ältlichen Langweilern zuzuhören, insbesondere vielen mit der ‚tödlichen Kombination' von hoher Position, wenig Verstand und dem Zwang, beides zur Schau zu stellen. Doch je höher man steigt, desto lauter wird der Lärm, und die Ansprüche, die die Umwelt an Zeit und Aufmerksamkeit stellt, werden hartnäckiger. Es ist leider ein Faktum: Je weiter man nach oben kommt, desto mehr scheint der Wert dessen, was man hört, abzunehmen im Vergleich zum Wachsen der eigenen Fähigkeiten und Fertigkeiten, während die Notwendigkeit zuzuhören mit steigender Positionshöhe immer mehr schwindet. Hat man endlich eine Spitzenposition erklommen, darf man als ‚Belohnung' endlose und oft unnütze Konferenzen absitzen, langweilige Tischreden und langgezogene, zeitaufwendige Zeremonien über sich ergehen lassen. Man ist geradezu gezwungen, die Lippenbewegungen von Kollegen zu beobachten, deren Worte und Gedanken man bereits auswendig kennt – lahme Bemerkungen, zusammenhanglose Erklärungen, all die bedeutungslosen, rituellen Phrasen, die Tag für Tag über uns ausgeschüttet werden. Man muß die tausend Höflichkeitsregeln beachten, auch den Unfähigen und Einflußlosen gegenüber, in deren Schuld man dennoch steht.
So ist es denn kein Wunder, daß nicht nur die Fähigkeit zuzuhören verloren gegangen ist, sondern darüber hinaus auch die Fähigkeit, nicht zuzuhören, sich immer weiter ausgebreitet hat. Dies ist nicht verwunderlich, aber diese Entwicklung ist gefährlich, und die Größe der Gefahr steht in direkter Relation zur Bedeutung der Position, die ein erfolgreicher Mann innehat, und zu seiner Macht, Leben und Denken anderer zu beeinflussen."

In seiner Autobiographie „Disturbing the Universe“ beschreibt Freeman Dyson anschaulich, wie Zuhören den Fortschritt der Quantenphysik um mindestens zwei Jahre beschleunigt hätte, wenn Robert Oppenheimer nur gewillt gewesen wäre zuzuhören. Die Angelegenheit betraf die Ideen Richard Feynmans, des brillanten und originellen amerikanischen Physikers, auf den die Feynman-Diagramme in der Mathematik zurückzuführen sind. Im Frühjahr 1948 wurde Feynman von Oppenheimer zu einem Treffen ausgewählter Experten eingeladen, um das damalige Problem der Quantenelektrodynamik zu diskutieren. Das Hauptereignis dieses Treffens war eine 8-stündige Rede Julian Schwingers, eines jungen Harvard-Professors, der eine neue Theorie der Quantenelektrodynamik entworfen hatte, ein Meisterwerk orthodoxen mathematischen Denkens, das gewisse Experimente erklärte, die an der Columbia-Universität durchgeführt worden waren. Seine Berechnungen waren extrem kompliziert, und nur wenige Zuhörer vermochten den ganzen acht Stunden der Darlegung zu folgen. Aber Oppenheimer verstand sie und billigte den gesamten Inhalt. Nach Schwinger war Feynman an der Reihe. Er versuchte, den erschöpften Zuhörern zu zeigen, daß er die gleichen Experimente viel einfacher erklären konnte, indem er seine unorthodoxen Methoden benutzte. Niemand verstand ein Wort von dem, was er sagte. Am Ende gab Oppenheimer einige beißende Kommentare ab und dabei blieb es. Feynman verließ die Versammlung niedergeschlagen. Ein Jahr später versuchte Dyson bei mehreren von Oppenheimers wöchentlichen Seminaren, Feynmans Ansatz Oppenheimer näher zu bringen – mit „vernichtendem Ergebnis“, wie er später schreibt. In einem Brief an seine Eltern erläutert er seine ins Stocken geratene Kampagne, Oppenheimer zum Zuhören zu bewegen:

> „Ich habe sein (Oppenheimers) Verhalten bei Seminaren sehr sorgfältig beobachtet: Wenn einer etwas sagt, was zwar für die anderen Zuhörer neu ist, er es aber schon weiß, kann er nicht der Versuchung widerstehen, ihn zu einem neuen Thema weiterzutreiben; wenn aber einer etwas sagt, was er nicht weiß oder mit dem er nicht sofort übereinstimmt, unterbricht er, ehe der Punkt voll geklärt wurde, mit scharfer und manchmal vernichtender Kritik, auf die es unmöglich ist, angemessen zu antworten, auch wenn er im Unrecht ist. Wenn man ihn beobachtet, sieht man, daß er nervös umhergeht und nie aufhört zu rauchen. Ich glaube, daß er seine Unruhe größtenteils gar nicht unter Kontrolle hat. Letzten Dienstag hatten wir unsere bisher wildeste öffentliche Schlacht, nämlich als ich einige seiner ungerechtfertigt pessimistischen Bemerkungen kritisierte, die er über die Schwingersche Theorie gemacht hatte. Er fiel im Plenum über mich her wie eine Tonne Backsteine. Später war er jedoch sehr freundlich und entschuldigte sich sogar bei mir.“

Dann beschreibt er den Umkehrpunkt in seinem Kampf, Oppenheimer zum Zuhören zu bewegen. Dysons alter Freund und Mentor, der große Hans Bethe, kommt von der Cornell-Universität, um in Oppenheimers Seminar zu referieren. Freeman Dyson beschreibt, was geschah:

„Bethe wurde auf die Art empfangen, an die ich gewöhnt war, mit nicht endenden Unterbrechungen und verwirrtem Gemurmel, und hatte große Schwierigkeiten, auch nur seine Hauptpunkte klarzumachen – währenddessen stand er (O.) ruhig da und schwieg, grinste mir nur zu, als ob er sagen wollte: ‚Nun weiß ich, gegen was Du anzukämpfen hast.' Danach begann er, mich mit einzubeziehen, indem er als Antwort auf eine Frage sagte: ‚Nun, zweifellos wird Ihnen Dyson bereits alles darüber gesagt haben.' Darauf sagte ich sofort in so entschiedenem Ton als möglich: ‚Leider bin ich dazu noch nicht gekommen.' Schließlich schloß Bethe seinen Vortrag dezidiert ab, indem er unverblümt sagte, daß die Feynman-Theorie bei weitem die beste Theorie sei und daß man sie sich aneignen müsse, wolle man vermeiden, Unsinn zu reden – Dinge, die ich schon seit langer Zeit vergeblich gesagt hatte."

Endlich hörte Oppenheimer zu.

2. Was heißt Zuhören?

Die vier Bausteine des Zuhörens · Der Fall der ungehörten Frage · Der Fall der fehlinterpretierten Anweisung: 583 Tote · Der Fall des geschickt präsentierten Forschungsprojekts · Der Fall des 20-Millionen-Dollar-Mittagessens · WIBR

2.1 Ist Zuhören einfach Hören, oder ist es mehr?

Eugene Raudsepp vom Princeton Creative Research Center erzählt die Geschichte eines Zoologen, der mit einem Freund nachts eine vom Lärm hupender Autos und quietschender Reifen erfüllte Straße entlanggeht. Er sagt zu seinem Freund: „Hör mal, eine Grille!“ Der Freund schaut ihn verwundert an: „Du hörst eine Grille bei all dem Lärm?“ Der Zoologe nimmt eine Münze aus der Tasche, wirft sie in die Luft und läßt sie auf den Gehsteig klirren. Ein Dutzend Köpfe drehen sich daraufhin um. Der Zoologe sagt ruhig: „Wir hören, was wir hören wollen.“

Die meisten von uns wissen, daß Zuhören mehr ist als nur Hören oder Aufmerksam-sein. „Ein Mensch mit der Begabung zuzuhören,“ sagt eine Figur aus Gary Jennings Roman „Der Atzteke“, „kann sogar Dinge hören, die noch gar nicht ausgesprochen wurden.“ Die meisten von uns sind sich jedoch nicht voll bewußt, was Zuhören bedeutet. Dieses Kapitel soll dazu dienen, Einsicht in die vier Bausteine des Zuhörens zu vermitteln – die vier entscheidenden Elemente, die den Prozeß des Zuhörens bestimmen – und die Rolle zu beschreiben, die diese Elemente sowohl beim guten Zuhören wie auch bei Mißerfolg spielen. Wir wollen mit einem Modell über das Zuhören beginnen, das Professor Steil entworfen und WIBR-Modell genannt hat: **W**ahrnehmung, **I**nterpretation, **B**ewertung, **R**eaktion.

Diese vier Bestandteile des Zuhörens verkörpern in vereinfachter und leicht faßbarer Form, was in Wirklichkeit eine äußerst komplizierte und weithin unerforschte geistige Funktion ist, die es uns Menschen ermöglicht zu kommunizieren. Wir erwerben unsere Sprache nicht einfach aufgrund der Fähigkeit, sprechen zu können, sondern anfangs durch unsere Fähigkeit zuzuhören. Kein menschliches Wesen kann sprechen lernen, wenn es nicht zuerst andere hören kann. Die Fähigkeit zu hören und zu verstehen entwickelt sich offenbar im menschlichen Gehirn äußerst frühzeitig und ist im Alter von 4–6 Jahren bereits hoch entwickelt. Es sind etwa 40 Fälle von „Wolfskindern" bekannt – Kindern, die außerhalb der Zivilisation und ohne die Erfahrung aufwuchsen, menschliche Sprache zu hören und letztlich unfähig waren zu sprechen. Einer der berühmtesten war „Der wilde Junge von Aveyron" in Frankreich. Noch mit 12 Jahren war er völlig unfähig zu sprechen. J. M. G. Itard, ein französischer Arzt, versuchte, ihn zu unterrichten. Nach 5 Jahren konnte dieser Junge, den man Victor nannte, ein paar Worte und Sätze verstehen und schriftliche Anweisungen lesen, aber da er nicht in der Lage war, seinem Alter gemäß zuzuhören, lernte er nie das Sprechen.

Wir werden mit der Fähigkeit geboren, die Sprache unseres Kulturkreises durch Zuhören und Sprechen zu absorbieren. *Zuhören und Sprechen gehören zusammen.* Keine andere Spezies besitzt diese wunderbaren Gaben. Alle anderen Arten kommunizieren zwar auch miteinander, aber nur der Mensch lernt zu reden, indem er zuhören kann. Die Phasen dieser Entwicklung gehören zu den interessantesten Phänomenen unserer Welt. Peter Farb beschreibt sie in seinem Buch „Word Play“:

> „Gesunde Kinder erlernen eine bestimmte Muttersprache – unabhängig davon, wo sie leben oder welche Sprache sie sprechen. Und sie durchlaufen die gleichen Stufen des Spracherwerbs in ungefähr gleichem Tempo, unabhängig davon, ob es sich um milieugeschädigte Kinder handelt oder ob sie von hingebungsvollen Eltern sprachlich sensibilisiert werden. Ungefähr im Alter von 3 Monaten bedienen sich Kinder der Intonation, ähnlich den unterschiedlichen Tonhöhen, die sie bei den Ausrufen und Fragen der Erwachsenen gehört haben. Mit einem Jahr beginnen sie, klar erkennbare Worte zu sprechen, und im Alter von ungefähr 4 Jahren haben sie den Großteil der außergewöhnlich komplexen und abstrakten Strukturen ihrer Muttersprache bewältigt. Nur wenige Jahre später haben sich Kinder das gesamte linguistische System angeeignet, das ihnen erlaubt, Sätze zu äußern und zu verstehen, die sie vorher noch nie gehört haben. Diese bemerkenswerte Leistung, von der sich der größte Teil auf nur einige Jahre der Entwicklung konzentriert, ist eine an-

geborene Fähigkeit jedes normalen Kindes. Im Gegensatz zu dieser geordneten Entwicklung, die sich quasi automatisch vollzieht, haben viele Kinder beim Lesen, Rechnen oder Schreiben Schwierigkeiten, auch wenn sie beträchtlichen Unterricht erhalten haben mögen. Das Kind erwirbt seine Sprache eben dadurch, daß es hört, wie sie in der Gemeinschaft, zu der es gehört, gesprochen wird. Seine Sprache ist so komplex, daß Diagramme, Formeln und erklärende Notizen nötig sind, um auch nur kurze Ausführungen in ihr zu analysieren. Den Rest seines Lebens spricht das Kind Sätze, die es nie zuvor gehört hat, und wenn es denkt oder liest, spricht es buchstäblich zu sich selbst. Es kann seiner Sprache nie entfliehen.

Und alle Errungenschaften der Menschheit fließen aus der Sprache: Kunst, Wissenschaft, Gesetze, Moral, Traditionen, politisches und wirtschaftliches System, Religion, kurz all das, was man unter ‚Kultur' versteht. Kultur könnte ohne Sprache nicht existieren. Auch mehr an nonverbaler Kommunikation orientierte Menschen – Maler, Musiker, Tänzer oder Mathematiker – müssen von Zeit zu Zeit über ihr ‚Handwerk' sprechen, auf jeden Fall denken sie in sprachlichen Kategorien darüber nach."

Im Bewußtsein dieser unglaublich komplexen Fähigkeit zuzuhören, Sprache zu erlernen und vermöge dieser Gabe Beziehungen aufzubauen, sich emotional an die Welt anzupasssen, zu informieren, zu unterhalten, großartige physische und geistige Gebäude zu errichten, die Welt zu verändern – angesichts all dessen müssen wir uns fragen, aus welchen Elementen Zuhören eigentlich besteht und wie wir es, nachdem es sich entwickelt hat, benutzen sollten.

Unser Modell beschreibt die vier Hauptaspekte des Zuhörens: *Erstens*, die Fähigkeit wahrzunehmen (in unserem Fall, etwas zu hören, in einigen anderen Fällen die Fähigkeit, etwas am Gesichtsausdruck abzulesen oder durch Körpersprache zu begreifen), was gerade kommuniziert wird; *zweitens*, die Fähigkeit zu interpretieren, d.h. zu verstehen, worüber kommuniziert wird; *drittens*, die Fähigkeit, den Inhalt zu bewerten und über seine Bedeutung für uns und seine Gültigkeit im Rahmen unseres Wissens zu entscheiden, und *viertens* zu reagieren, also den Kreis der Kommunikation zu schließen, indem wir in angemessener Weise widerspiegeln, was wir wahrgenommen haben.

Kommunizieren ist bei uns Menschen ein kontinuierlicher Vorgang, der 80% unseres wachen Lebens in Anspruch nimmt. Genauso ist auch der Teilbereich des Zuhörens eine fortlaufende Übung der genannten vier Elemente während eines prozeßhaften Ablaufs von Wahrnehmung, Interpretation, Bewertung und Reaktion.

Das Problem ist nun, daß – obwohl das Senden von Informationen zunehmen mag – das *Empfangen* von Informationen in jeder der vier Phasen verkümmern oder fehlerhaft werden kann.

Wie erwähnt, kommunizieren wir jedoch auch auf andere Art und Weise als durch die Sprache, und unsere Sinnesorgane arbeiten auch unbewußt. Eines der bedeutendsten Bücher über dieses Thema ist Edward T. Halls „The Silent Language“, in dem gezeigt wird, wie unsere Sinnesorgane uns und anderen klar und verständlich Nachrichten übermitteln, obwohl kein Wort fällt. Im ersten Kapitel, „Stimmen der Zeit", heißt es:

> „Zeit kann sprechen. Sie spricht offener als Worte…, weil sie weniger bewußt manipuliert werden kann, unterliegt sie auch weniger der Verzerrung des gesprochenen Wortes. Sie kann Wahrheit verkünden, wo Worte lügen."

Hall beschreibt, wie eine Wartezeit von 15 Minuten in einem Kulturkreis als Beleidigung aufgefaßt werden kann, während das in einem anderen die Norm ist. Er erläutert, welch unterschiedliche Rolle räumliche Distanz in verschiedenen Kulturen spielt. Ein Volk betrachtet beispielsweise enges Zusammenstehen im Gespräch als aggressiv, ein anderes als angenehm. Ebenso können Gesten in verschiedenen Kulturen unterschiedliche Bedeutung haben. Das heißt also, daß wir auch unterschiedlich bewerten und reagieren.

Wir wollen nun die vier Komponenten des Zuhörens in unserem Modell näher betrachten: Wahrnehmung, Interpretation, Bewertung und Reaktion – WIBR.

2.2 Wahrnehmung – Der Fall der ungehörten Frage

Natürlich ist Hören, das Wahrnehmungselement des Zuhörens, im Trubel der Welt und dem Nebeneinander unterschiedlicher Kulturen hochgradig selektiv geworden. Wir könnten ohne diese Selektion niemals den Ansturm der gesamten menschlichen Kommunikation überstehen, geschweige denn, die Bedeutung aller Geräusche unserer Umgebung verarbeiten. Der erste und grundlegende Baustein des Zuhörens ist auf mehrere Arten selektiv: Zum ersten unterscheiden wir natürlich nur bestimmte Frequenzen und Tonarten. Zum zweiten lernen wir schnell, menschliche Geräusche herauszufinden, und darunter wiederum jene, von denen uns unsere Sinne sagen, daß es sich um verstehbare Geräusche handelt, die in unserer Kultur als wichtige Bedeutungsträger gelten. Unsere Sprache – Englisch – enthält nach allgemeiner Auffassung ca. 45 Klangeinheiten, die man als Phoneme bezeichnet: 21 Konsonanten, 9 Vokale, 3 Halbvokale (y, w, r), 4 verschiedene Betonungsarten, 4 Tonhöhen, einen Pausenlaut und drei verschiedene Arten, Sätze zu beenden. Das ist alles, was wir hören und von uns geben, und doch kann der Sprecher damit unendlich viele Äußerungen tätigen. Andere Sprachen haben natürlich andere Klangeinheiten, mit denen man gleiches ausdrücken kann. Um Peter Farb zu zitieren:

> „Einige Dialekte des Arabischen haben z. B. 28 Konsonanten, aber nur 6 Vokale. Die meisten afrikanischen

Sprachen ähneln dem Mandäischen und dem Birmanischen darin, daß sie Tonhöhe und Akzent in viel größerem Ausmaß berücksichtigen als das Englische. Die Twi-Sprache kennt 5 verschiedene Töne – hoch, mittel, tief, steigend und fallend – und die Silben jeden Wortes werden entsprechend einem dieser Töne ausgesprochen. ‚Adidi' z. B. heißt Mahlzeit, wenn die letzte Silbe in hohem Ton gesprochen wird – aber wenn der Ton der zweiten Silbe hoch und der der letzten mittel ist, bedeutet das Wort ‚roter Faden'."

Doch hören wir auch noch in anderer Hinsicht selektiv. Wir sind nämlich sehr feinfühlig unserer Umwelt und den Bedeutungsinhalten unserer Kultur gegenüber. Erstens erfühlen wir grundlegende Beziehungen und Bedürfnisse. Eine Mutter erkennt den Schrei ihres eigenen Babies aus dem Geschrei aller anderen heraus. Auch was die Stimme des Geliebten betrifft, ist man ungewöhnlich feinfühlig. Aber unser selektives Hören wird vor allem von unseren Interessen geprägt – von unserem Kulturverständnis, unserem Lebensstil, unserer Karriere.

Wir haben bereits erwähnt, daß es Dinge gibt, die wir nicht hören oder sehen, weil ihnen unsere Kultur keinen Wert beimißt. Wird diese Selektivität dann noch zusätzlich von unseren Eigeninteressen geprägt, dann kann die Komponente des Hörens im Zuhörprozeß negativ beeinflußt werden. Ein paar Beispiele sollen dies verdeutlichen. Wir nennen das erste den „Fall der ungehörten Frage".

Nichts hat uns die Tatsache, daß wir oft unsere Sinne gerade in den entscheidendsten Lebenssituationen verschließen, näher gebracht als die folgende Geschichte eines Kollegen:

Wir hatten ihn seit mehr als einem Jahr nicht gesehen und begegneten ihm auf einem wissenschaftlichen Kongreß. Im Verlauf der Unterhaltung fragten wir ihn nach seiner Frau Doris. „Wir sind geschieden", antwortete er. Dann erzählte er:

„Eigentlich dachte ich immer, daß wir recht glücklich miteinander seien. Eines Abends kam ich wie gewöhnlich spät nach Hause, und wir aßen zusammen zu Abend. Die Kinder hatten bereits vorher gegessen, und Doris sagte etwas zu mir, was ich wohl nicht ganz verstand, doch ich sagte ‚Fein, Liebling'. Sie fragte: ‚Hast Du gehört, was ich sagte?' Ich hielt ein und bemerkte, daß ich nicht wußte, wovon sie sprach und sagte: ‚Ich muß wohl mit meinen Gedanken woanders gewesen sein.' Sie sah mich seltsam an, ich sah auf. ‚John', sagte sie, ‚ich sagte gerade, daß ich mich scheiden lassen möchte.' Ihr zufolge hatte ich offenbar seit zwei Jahren kein Wort von dem, was sie gesagt hatte, wirklich gehört. Sie meinte, daß sie mir wieder und wieder vorgehalten habe, daß sie nicht glücklich sei mit unserem Leben und daß sie ihren alten Beruf als Designerin wieder aufnehmen wollte. Sie hatte mich darum gebeten, eine Lösung für diesen Wunsch zu finden. Und sie hatte plötzlich gemerkt, daß ich nicht ein einziges Wort, das sie sagte, gehört hatte, daß ich ihr überhaupt nie zugehört hatte und daß tief in ihrem Inneren das Gefühl steckte, mir nichts zu bedeuten, daß sie im Grunde unwichtig war für mich. Wir haben seitdem viel miteinander geredet, aber sie glaubt, daß es nun zu spät ist und daß unsere Wege bereits auseinander gegangen seien."

Wir mochten sie beide gern, unseren Kollegen und auch Doris, und die Geschichte ging uns nahe. Sie bewies die Existenz einer Einstellung, die viele von uns in ihren engsten Beziehungen entwickeln, zum Ehepartner, zu den Kindern, zu den besten Freunden: die Angewohnheit nämlich, so zu tun, als wüßten wir bereits, was uns unsere Mitmenschen sagen wollen. Als würden wir sie schon so gut kennen samt ihren Gedanken und Vorstellungen, daß wir sie buchstäblich gar nicht mehr hören. Wie viele von uns schalten bereits bei der ersten Stufe des Zuhörens, dem Wahrnehmen, ab? Wir sehen, wie sich die Lippen bewegen, wir glauben zu wissen, was der Sprecher gerade sagt, vielleicht, weil wir gehört haben, was er in dieser Situation schon viele Male vorher gesagt hat – und unsere Wahrnehmung ist blockiert.

Oder uns begegnet vielleicht das, was man den „Ablenkungskegel" nennt: Auf einer Cocktailparty werden wir inmitten von Gemurmel und Musik im Hintergrund jemanden vorgestellt, und wir bekommen den Namen nicht mit. Je mehr Ablenkungen in der Umgebung vorhanden sind und je weiter man sich selbst von der Quelle des Gesagten befindet, um so größer ist also die Wahrscheinlichkeit, daß man nicht hört oder wahrnimmt, was gesagt wird. Man sorgt sich vielleicht gerade um die Rechnung, die man zu bezahlen hat, oder man denkt gerade an etwas anderes, oder man spricht mit jemandem am Telefon, man hat zu viele Termine oder gerade zuviel zu tun. Man nimmt das Gesagte nicht wahr – offenbar eine alltägliche Erscheinung.

Es gibt noch weitere Ursachen, die zur mangelnden Wahrnehmung beitragen: Je geringer das Interesse an einer Sache, desto größer ist die Wahrscheinlichkeit, daß die Wahrnehmung zu kurz kommt. Das gleiche gilt, wenn wir einer Sache emotional voreingenommen gegenübertreten. Schließlich hören wir nur das, *was wir hören wollen.* Dies wird durch ein Interview, das wir mit einem begeisterten Wissenschaftler machten, illustriert. Er erzählte von seinem Gespräch mit einem jungen, ihm untergebenen Wissenschaftler über eine – wie dieser glaubte – geniale neue experimentelle Methode. Leider war aber diese Methode bereits bei mehreren ausländischen Versuchen angewandt worden. In seinen Worten:

> „Ich erklärte ihm kurz, wie das Experiment, das er vorschlug, ausgeführt worden war und was die Ergebnisse waren. Mein junger Kollege schaute mich während all meiner Ausführungen an. Als ich geendet hatte, nickte er und sagte: 'Gut, und welches Budget kann ich nun für das Experiment ansetzen?' Ich schaute ihn an und merkte, daß er offensichtlich nichts von dem gehört hatte, was ich gesagt hatte. Ich nehme an, daß mir dies selbst gelegentlich passiert ist. Man hört einfach nicht, was gesagt wird, wenn es sich um schlechte Neuigkeiten handelt. Man hört nur, was man hören will."

In einem anderen Interview – mit einem Ingenieur – sprachen wir über das Problem, Personen mit technischer Ausbildung dazu zu bewegen, Leuten mit anderem Hintergrund zuzuhören. Der Ingenieur machte folgende Bemerkung: „Ich lernte zuzuhören, weil meine Eltern mir zuhörten." Dieser Satz blieb uns im Gedächtnis haften: „Ich lernte zuzuhören, weil mir meine Eltern zuhörten." Wieviele von uns hören tatsächlich, was unsere Kinder sagen? Wir gewöhnen uns an die Menschen, die uns nahe stehen, und hören sie nicht mehr.

Wahrnehmen ist das physiologische Gegenstück zum Gesagten. Die meisten von uns versagen in wichtigen Augenblicken bei diesem ersten Baustein des Zuhörens. Nur einige von uns haben gelernt, vollständig wahrzunehmen – „Ich lernte zuzuhören, weil meine Eltern mir zuhörten." In unserer materiell orientierten Gesellschaft möchten viele von uns die ersten drei Phasen des Zuhörens im Kommunikationsprozeß überspringen. Wir werden jedoch alle vier Elemente behandeln – vom Wahrnehmen und Interpretieren bis hin zum Bewerten und Reagieren. Wer auf der ersten Stufe versagt, dem Wahrnehmen bzw. Hören, der versagt auf anderen Stufen ebenfalls, und wenn wir eine der Zwischenstufen auslassen, wie es häufig geschieht, wenn wir also nicht wahrnehmen, interpretieren oder bewerten, dann wird unsere Reaktion bedeutungslos oder unangemessen sein, oder, wie der nächste Fall zeigt, sie wird – im schlimmsten Fall – katastrophal sein.

2.3 Interpretieren – Der Fall der falsch aufgefaßten Anweisung

Interpretieren, die zweite Komponente des Zuhörens, ist die geheimnisvollste und am schwierigsten erlernbare Fähigkeit beim Zuhören – und die erstaunlichste. Wir verstehen bis heute noch nicht, wie der Prozeß des Verstehens vonstatten geht. Wir haben versucht, die physiologischen und psychologischen Abläufe des Gehirns zu erforschen und alle möglichen Experimente unternommen, aber die Funktionen des Gehirns geben uns weiterhin Rätsel auf.

Die Fähigkeit zu interpretieren, daß heißt zu verstehen, aufzufassen und zu begreifen, liegt tief im menschlichen Gehirn eingegraben. Ihre Ausbildung ist untrennbar mit der nur dem Menschen eigenen Fähigkeit zu sprechen verbunden. Wie ein Kind sprechen und verstehen lernt, indem es lediglich die Stimmen seiner Sprachgemeinschaft aufnimmt, bleibt ein Wunder, das von der Forschung nicht geklärt werden konnte. Wie jemand – ob Kind oder Erwachsener – eine Sprache in all ihrer Kompliziertheit und erstaunlichen Vielfalt verstehen kann, ist noch genauso wenig geklärt und vielleicht noch geheimnisvoller. Die Menge der Bedeutungsmöglichkeiten, die allein durch die Anzahl möglicher aussprechbarer Sätze gegeben ist, läßt uns erschrecken. Ein Sprachforscher hat errechnet, daß, um alle möglichen 20 Worte langen englischen Sätze zu äußern, das 2000fache des geschätzten Alters der Erde (10 Billionen Jahre) notwendig wäre – und wir wissen alle, daß ein englischer Satz aus fast beliebig vielen Worten bestehen kann. So unglaublich es auch klingt, wir äußern, worauf Peter Farb hingewiesen hat, von Zeit zu Zeit Sätze, die noch nie zuvor auf der Erde gehört worden sind.

Wir werden mit der Fähigkeit geboren, Sprache zu verstehen und zu sprechen, einer Fähigkeit, die allen normalen Menschen eigen ist, unabhängig von Rasse, Intelligenz oder Bildung. Edward Sapir bemerkte dazu, daß, was das Geschenk der Sprache betrifft, „Plato neben dem mazedonischen Schweinehirten steht und Konfuzius neben dem kopfjagenden Wilden von Assam".

Auch hier erscheint – und das gilt für jede Sprache, ganz zu schweigen von den Problemen beim Übersetzen – die Fähigkeit zur Interpretation hochgradig selektiv, obwohl wir also Sprache verstehen können, verstehen wir einander nicht immer. Zwar ist es erstaunlich, in welchem Ausmaß wir uns trotz aller Hindernisse tatsächlich verstehen, doch ist die zweite Komponente des Zuhörens wahrscheinlich die Ursache von mehr Problemen in unserem Leben als jede andere. Mißverständnisse mögen oft trivial sein, können aber verheerende Auswirkungen haben. Mißverständnisse begleiten uns unser ganzes Leben. Sie geschehen gewöhnlich nicht aus Unwissenheit oder Unfähigkeit, richtig zu interpretieren, sondern aus Achtlosigkeit, emotionaler Ablenkung, Müdigkeit, oder weil man, wie man sagt, „einfach nicht hingehört" hat.

Ein tragisches Beispiel, das wir für erwähnenswert halten, passierte tatsächlich. Am 27. März 1977 hob die Boeing 747 aus Amsterdam, Flug Nr. 4805, gegen 17 Uhr von der Startbahn 12 in Teneriffa ab. Der Flug sollte eigentlich zu den Kanarischen Inseln gehen, war aber nach Teneriffa umgeleitet worden. Als das Flugzeug Geschwindigkeit aufnahm, tauchte plötzlich ein anderes Flugzeug, das auf der selben Startbahn auf Starterlaubnis gewartet hatte, aus Nebel und Niesel auf – PanAm-Flug 1736, eine Boeing 747 aus Los Angeles mit 335 Fluggästen an Bord. Die KLM-Maschine, deren Pilot ein erfahrener, anerkannt guter Kapitän mit 39000 Flugstunden war, versuchte hochzuziehen, aber er schaffte es nicht. Der folgende Zusammenstoß, der wegen des schlechten Wetters ohne Augenzeugen geblieben ist, ist das größte Unglück in der Luftfahrtgeschichte. Beide Flugzeuge fingen Feuer, und 583 Menschen verloren innerhalb weniger Minuten an diesem nebligen Abend ihr Leben, zwei mehrere Millionen teure Flugzeuge wurden zerstört. Es folgten Schadensersatzklagen über Hunderte von Millionen Dollar, ganz zu schweigen von nicht wieder gut zu machendem Leid der Familien, Verwandten und Freunde der Getöteten.

Was war geschehen? Im offiziellen Untersuchungsbericht über den Unfall wird als Schlüsselfehler falsches Zuhören auf zwei Ebenen genannt: Fehlinterpretation von Anweisungen und falsches Reagieren – wobei der entscheidende Irrtum bei der Interpretation lag. Die erste Fehlinterpretation geschah in der PanAm-Maschine. Der Kontrollturm hatte das Flugzeug angewiesen, nach Rollbahn 3C zu rollen. Der

Kontrollturm wiederholte die Anweisung, weil die Crew Verständnisschwierigkeiten hatte und „drei" zunächst als „eins" auffaßte. Der Tower wiederholte: „Die dritte, Sir, eins, zwei, drei!", und der Copilot bestätigte die Anweisung. Die Einfahrten C1 und C2 wurden richtig erkannt und passiert. Als das Flugzeug jedoch zur Einfahrt C3 kam, war diese blockiert. Weil die Besatzung nun annahm, daß der Kontrollturm offenbar die dritte *freie* Startbahn meinte, fuhren sie weiter zur Einfahrt C4. Die zweite und entscheidende Fehlinterpretation geschah, als der Kontrollturm die KLM-Maschine anwies, zur Standposition auf Startbahn 12 zu rollen. Die KLM-Maschine führte dieses Manöver aus und meldete: „Wir sind nun startbereit." In der Zwischenzeit war auch die PanAm-Maschine startklar und rollte auf derselben Startbahn. Sie bat um Starterlaubnis, und der Tower antwortete: „O.K. Warten Sie auf mein Kommando zum Start." Aus irgendeinem Grund interpretierte der KLM-Kapitän dies als Freigabe des Starts, ließ die Motoren aufheulen und startete. Die KLM konnte sogar hören, wie die PanAm-Maschine dem Tower meldete: „Wir sagen Bescheid, wenn wir startklar sind." Doch auch dies war für die KLM kein Alarmsignal dafür, daß die Startbahn eventuell noch blockiert sein könnte. Diese Worte: „Wir sagen Bescheid, wenn wir startklar sind", waren die letzten vor dem Aufprall. Die PanAm-Maschine setze sich offenbar noch in Bewegung, um von der Startbahn wegzukommen, aber es war zu spät. Die KLM hatte bereits Abhebegeschwindigkeit erreicht, und der Zusammenstoß war unvermeidlich.

Das folgende Zitat stammt aus dem offiziellen Untersuchungsbericht über dieses tragische Ereignis, in dem folgende Schlußfolgerungen gezogen wurden:

> „Die Hauptursache für den Unfall war die Tatsache, daß der KLM-Kapitän (1.) ohne Erlaubnis startete, (2.) die Anweisung, ‚warten Sie auf Freigabe', des Kontrollturms nicht befolgte oder falsch interpretierte, und (3.) den Start nicht abbrach, als er hörte, daß sich die PanAm noch auf der Startbahn befand."

Nach dem Hören ist die *Interpretation* das entscheidende Element beim Zuhören. Wir sprechen hier also darüber, wie das, was wir meinen, mit dem, was Sie meinen, zur Deckung gebracht werden kann. Jemand sagte einmal vor langer Zeit, daß es um unsere Kommunikation besser bestellt sein würde, wenn wir folgende Handhabung träfen: Der Gesprächspartner darf erst dann antworten, wenn er vorher richtig wiederholt hat, und umgekehrt. Damit befinden wir uns aber erst auf dem Niveau Wahrnehmen. Die nächste Stufe ist die Interpretation, und dabei geht es um die Frage, ob das, was die beiden Gesprächspartner meinen, zusammenpaßt.

Semantiker und Sozialwissenschaftler weisen darauf hin, daß jeder von uns in gewissem Maße in seiner eigenen Welt lebt und daß es wenige Ereignisse und Dinge gibt, die für alle genau das Gleiche bedeuten. Bei jeder Interpretation müssen wir also den Hintergrund, die Vorurteile und Ansichten des anderen, wie auch unsere eigenen, in Rechnung stellen. Wir müssen die Unterschiede ausmachen zwischen Tatsachen, Schlußfolgerungen und Meinungen und oft auch Gefühle und Werturteile berücksichtigen, die Gesellschaft und Beruf uns auferlegen; trotzdem hören und verstehen wir normalerweise hinreichend.

Aber auch im täglichen Leben haben wir Interpretationsschwierigkeiten, hören manches nicht oder selektieren die falschen Nachrichten. Wir vergessen Verabredungen oder erscheinen dienstags, obwohl das Treffen montags war. Jemand bittet uns, etwas sofort zu erledigen. Sofort heißt für ihn noch am gleichen Tag; für uns vielleicht bis zum Freitag. Wir gebrauchen vage Sätze. „Kann ich noch ein bißchen haben?“ Was heißt „ein bißchen“? „Er ist ein Stück weiter unten an der Straße.“ Ein Stück bedeutet für uns 100 Meter. Für einen Bauern bedeutet es vielleicht 10 Kilometer.

Dann gibt es auch das, was Edgar Dale den KNWB-Fehler nannte. KNWB-Fehler steht für: Klar-Nur-Wenn-Bekannt. Sie sind in einer fremden Stadt und fragen nach dem Weg. Man sagt Ihnen: „Fahren Sie zum Old Bremerton-Haus und biegen Sie dort links ab. 5 Blocks weiter, bei Corley’s, wieder links, und dann ist es gleich nach dem alten Steinbruch. Ganz einfach. Sie können es gar nicht verfehlen.“

Das sind nur Alltagsschwierigkeiten in kommunikativen Zusammenhängen. Viel deutlicher werden solche Schwierigkeiten auf einem anderen Gebiet: unserer Wirtschaft. Die Geldsummen, die hier durch schlechtes Zuhören verloren gehen, sind schwindelerregend, und die meisten Fehler ereignen sich auf der Ebene der Interpretation. Beispiele:

„Ein leitender Versicherungsangestellter bat seine Firma um Informationen über einen potentiellen Kunden und erhielt Anweisung, ihn nicht zu versichern – es gab da ein Risiko. Aber der Mann verstand nicht richtig. Er glaubte, seine Firma hätte ihm grünes Licht gegeben und schloß einen Vertrag über mehrere Millionen Dollar Versicherungssumme. Ein paar Monate später machte der Kunde Ansprüche in beträchtlicher Höhe geltend. Die Versicherung war gezwungen zu zahlen, und der Angestellte verlor seinen Arbeitsplatz."

Telefonat am Flughafen von Seattle: „Stell Dir vor", sagt der Geschäftsmann in der Telefonzelle, „ich sollte erst morgen hier sein. Ich hätte schwören können, man hätte mir gesagt, schon heute zu kommen." Die Stimme am anderen Ende sagte: „Was tust Du nun?". „Was kann ich schon machen?" sagte er, „ich übernachte hier und trage die Kosten."

Eine Führungskraft erzählt im Flugzeug folgende Geschichte, bei der seiner Firma ein Millionengeschäft durch die Lappen ging: „Zwei meiner Leute waren daran beteiligt," sagte er, „der eine hörte die entscheidende Aussage überhaupt nicht und der andere verstand sie falsch. Das Ergebnis war, daß wir eine Ausschreibung verloren, die wir eigentlich mit Links hätten gewinnen können."

Fehlinterpretation bedeutet: Jemand versagt auf der zweiten Stufe des Zuhörens.

Ein Fehler wird begangen; Geld geht verloren. Allein auf diesem Gebiet erreicht der Schaden durch schlechtes Zuhören schwindelerregende Höhen. Bei einer Erwerbsbevölkerung von 100 Millionen entsteht unserer Volkswirtschaft ein Schaden von mehr als 1 Mrd. Dollar pro Jahr, wenn jeder nur einen simplen 10-Dollar-Fehler aufgrund falscher Interpretation begeht. Die meisten Menschen machen mehr als einen Zuhörfehler am Tag. Der springende Punkt ist, daß Versagen auf dieser zweiten Ebene, genauso wie falsches Zuhören überhaupt, mit außerordentlich hohen Einbußen verbunden ist – an Zeit, an Geschäftsbeziehungen und an Produktivität. Würde man sie vermeiden, und sie sind in der Regel vermeidbar, würde dies unmittelbar die Gewinn- und Verlustrechnung verbessern.

In einem Fall führte die Einführung von Zuhörseminaren bei einer Gruppe von technischen Zeichnern, die ein kompliziertes Werkstück entwerfen sollten, zu einer Reduktion der unbrauchbaren Entwürfe um 20%. Mehrere 100000 Dollar konnten so jedes Jahr gespart werden. Ein anderer Bereich, in dem wir zu Fehlinterpretationen neigen, ist da, wo wir deshalb nicht verstehen, was der andere sagt, weil wir die Situation nicht mit seinen Augen betrachten. Umgekehrt werden aus diesem Grund unsere Botschaften durch andere fehlinterpretiert. Ein Vorstandsvorsitzender denkt z.B. darüber nach, das Firmenzeichen von den Briefköpfen entfernen zu lassen, und plötzlich verschwindet es auch aus den Werbeprospekten und sonstigen Publikationen des Unternehmens.

Fehlinterpretation: Verzerrte Botschaften, absurde Folgen.

Manchmal hören wir nur, verstehen aber nicht, weil es letzte Lebensfragen gibt, bei denen man nur glauben, aber nichts beweisen kann. Der Zukunftsforscher Earl C. Joseph erinnert sich an eine berühmte Vorlesung von Dr. George Gamov, eines hervorragenden und doch gläubigen Physikers, der immer den Zorn Gottes in seine Vorträge einbaute:

> „Bei einer der Vorlesungen, die ich besuchte, fragte ihn ein aufgeweckter Zuhörer: ‚Was tat Gott, bevor er die Welt schuf?' Und George antwortete schlagfertig: ‚Er schuf die Hölle für die Leute, die solche Fragen stellen. Noch weitere Fragen?"

2.4 Bewerten – Der Fall der geschickten Produktpräsentation

Die dritte Komponente im Prozeß des Zuhörens ist nach unserem Modell die Bewertung, das Beurteilen dessen, was wir gehört und verstanden haben. Das Bewerten ist sozusagen der „Wachhund", der gewissermaßen ein „Preisschild" an das heftet, was wir gehört und verstanden haben. In unserer konfliktreichen Welt müssen wir laufend die Bedeutung dessen auswerten, was wir hören, auch wenn wir gar nicht zuhören wollen oder anderer Meinung sind, um zu entscheiden, wie wir reagieren sollen. Das Bewerten ist beim Menschen ein sehr tiefgreifender Vorgang, aber unsere Reaktionen sind nicht in dem Maße konditioniert wie die anderer Arten.

Unsere Wertvorstellungen werden von unserer Kultur und den vielfältigen Erfahrungen geprägt, die wir gemacht haben. Das menschliche Gehirn nimmt die Welt auf äußerst komplexe Art und Weise wahr. Die Psychologen nennen diesen Bereich unseres Gehirns die Perzeptionsmasse, die man vereinfacht als die Summe aller Gedanken, Gefühle, Regungen und Erfahrungen definieren könnte, die ein Individuum in seinem Leben hatte. Nun nimmt man an, daß das Gehirn vier Arten zu denken kennt: Erstens das ungerichtete *Träumen,* das offenbar einen großen Teil unserer Gehirntätigkeit ausmacht und für das Selbstverständnis und die Kreativität eines Menschen von Bedeutung ist. Zweitens das *Entscheiden,* womit wir einen großen Teil unseres Denkens verbringen. Entscheidungen füllen unseren ganzen Tag, auch wenn es dabei um nichts übermäßig Wichtiges geht: Wann sollen wir morgens aufstehen? Sollen wir den Bus nehmen, wenn es regnet? Was soll ich abends in der Stadt essen? Die dritte Art wird *Rationalisieren* genannt: das Denken, mit dem wir uns in der Welt rechtfertigen. Viertens – und allgemein hoch eingeschätzt – das abstrakte *Denken,* oder besser gesagt, kreatives Denken, das uns hilft, unsere Talente und Fähigkeiten so einzusetzen, daß wir die Umwelt in unserem Sinne verändern können.

Bei all unserem Denken spielt das Bewerten, das von der Perzeptionsmasse in uns gesteuert wird, eine herausragende Rolle hinsichtlich der Art, wie wir zuhören, was wir hören und was wir hören wollen. Wir treffen unbewußt bestimmte Annahmen. Wir möchten jemandem vielleicht nicht zuhören, weil uns sein Aussehen nicht gefällt oder wir die Art, wie er angezogen ist, nicht mögen. Jemand anderem hören wir vielleicht aufmerksam zu, obwohl er nur Unsinn daherredet, weil uns jemand gesagt hat, wie brillant er sei, und natürlich neigen wir dazu, wegzuhören bei Dingen, die wir nicht hören wollen oder die nicht unseren Glaubens- und Wertvorstellungen entsprechen.

Von unserer Bewertung hängt aber ab, wie gut wir zuhören und wieviel Information wir unserem Gegenüber entlocken können. Kürzlich wurde ein Experiment durchgeführt, bei dem zwei Lehrer zwei Schülergruppen unterrichteten. Dem einen Lehrer wurde gesagt, daß seine Klasse aus begabten Kindern bestehe, dem anderen, daß es sich bei seiner Klasse um leicht zurückgebliebene Kinder handle. Die Erwartungen und Annahmen der Lehrer schlugen deutlich nicht nur auf die Noten durch, die die Lehrer vergaben, sondern auch auf die Leistungen der Kinder. Die als begabt charakterisierten Kinder schnitten sehr gut ab und übertrafen – wohl wegen der höheren Erwartungen der Lehrer – meist sogar ihr normales Leistungsniveau. Die als leicht zurückgebliebenen geltenden Kinder schnitten schlecht und weit unter ihrem sonstigen Leistungsniveau ab. Nicht die Integrität der Lehrer stand also hier in Frage, sondern ihre Erwartungen und Werturteile. Häufig ist es also diese Komponente des Zuhörens, die zu Selektivität und manchmal auch zu Verzerrungen führt.

Eines unserer größten Probleme im Leben ist zu entscheiden, wem man zuhören soll. Wir hören alle eine ganze Menge Unsinn, und intelligente Menschen lernen schnell die Kunst des Nichthörens bzw. sie hören nur denen zu, deren Ruf sie beeindruckt. Manchmal hören wir auch nur die Stimme, die uns am meisten beeindruckt – unsere eigene.

Dr. Jack Goldman, führender Wissenschaftler des Xerox-Konzerns, erzählte von zwei hervorragenden Forschern, die bei einem der großen forschungsintensiven Unternehmen angestellt waren und deren Zukunft gesichert schien. Sie hatten nur einen Fehler: Sie konnten nicht zuhören. Beide waren Menschen, die ihr Gegenüber totzureden pflegten. Sie mußten ihren Hut nehmen, als sie und sieben andere hervorragende Wissenschaftler und Ingenieure dieser Firma zu einer Konferenz über neue Entwicklungen eingeladen wurden, deren Vorsitz das Vorstandsmitglied für Forschung und Entwicklung führte, ein harter, bärbeißiger alter Mann, der seine Karriere seinem ausgezeichneten Organisationstalent verdankte. Die Konferenz war nach seiner Meinung ein ausgesprochener Fehlschlag. Er sagte zu den zwei jungen Wissenschaftlern kurz danach, als er ihnen ihre Entlassungspapiere gab:

> „Sie beide schienen vielversprechend zu sein; Sie beide zeigten einige gute Entwicklungen; aber weder Sie noch ich lernten auf der Konferenz etwas hinzu. Wir waren hier, um von den anderen zu hören, was sich tut. Wir hörten nur den Ton Ihrer Stimmen, und nach dem, was ich sah, hörten Sie nicht einmal einander zu. Beide

haben Sie wahrscheinlich eine große Zukunft vor sich – aber nicht in diesem Unternehmen. Das Schicksal dieser Firma hängt von einer Menge von Leuten ab – nicht nur von zweien – und wir können es uns nicht leisten, nicht zu hören, was diese anderen zu sagen haben."

Bewerten hängt auch stark davon ab, *wie etwas präsentiert wird.* John Pearson, das für Entwicklung zuständige Vorstandsmitglied bei 3M, der in Los Alamos dabei war, als Oppenheimer die Atombombe entwickelte, erzählte uns eine wunderbare Geschichte darüber, wie bei einem großen Unternehmen ein neues Produkt genehmigt wurde.

Einer Gruppe von Mitarbeitern hatte man ein Budget von 25000 Dollar gegeben mit dem Auftrag, mit Hilfe eines völlig neuen Lösungsansatzes ein Produkt zu konstruieren, das dem bisherigen zwar ähnlich, aber dennoch überlegen war. Die damit befaßten Ingenieure waren sicher, daß es ihnen sehr schwer fallen würde, das für Forschung zuständige Vorstandsmitglied dazu zu bewegen, dieses völlig außerhalb der 10 Jahre alten Patentstruktur entwickelte neue Produkt zu berücksichtigen, auch wenn er ihnen das Geld dazu bewilligt hatte. Aber, so überlegten sie, wenn er nun dachte, daß es von einer anderen Firma entwickelt wäre, dann müßte die Resonanz ganz anders ausfallen. Sie nahmen also heimlich Kontakt zuerst mit alten Kollegen und dann mit einem kleinen privaten Forschungsunternehmen auf. Es sollte das Produkt in einen seiner Verkaufsbereiche aufnehmen, es als das Produkt eines Wettbewerbers präsentieren. Der Vorstand wurde auf das vermeintliche Wettbewerbsprodukt aufmerksam gemacht – und er ließ es prompt testen. „Wieviel wollen Sie dafür?“ fragte er. Man sagte ihm, ca. 25000 Dollar Anzahlung und Beteiligung am Umsatz seien wohl angemessen. Der Vorstand willigte ein. Erst später sagte man ihm, daß man das Produkt tatsächlich gekauft habe, und daß es das Ergebnis von 25000 Dollar Forschungsaufwand war, die er ihnen ja selbst bewilligt habe.

Über ein Beispiel falscher Bewertung berichtet B. J. Walker, ein sympathischer, begabter Ingenieur der Firma Sperry, der nebenher im Unfallrettungsdienst seiner Gemeinde tätig war. Er erzählt, wie seine Einsatztruppe einen Anruf erhielt, in dem von einem geringfügigen Unfall die Rede war. Ein 38jähriger Mann war von der Straße abgekommen und hatte ein Hindernis gerammt. Die Funkstreife gab durch: „Streicht den Einsatz. Der Mann ist nicht ernsthaft verletzt. Er klagt nur über Brustschmerzen und ist wahrscheinlich auf das Steuerrad aufgeprallt.“

> „Der Rettungsdienst rückte trotzdem aus. Als sie ankamen, sahen sie sofort, daß der Mann einen Herzanfall hatte. ‚Ich hatte Schmerzen im Brustkorb‘, stammelte er ‚und kam von der Straße ab‘. Danach wurde er ohnmächtig. Wir versorgten ihn sofort entsprechend und brachten ihn ins Krankenhaus, aber es war zu spät. Er hatte der Funkstreife genau das gleiche gesagt wie uns – ‚Ich hatte Schmerzen im Brustkorb und kam von der Straße ab‘. Der Polizist hörte ihn, verstand ihn wahrscheinlich auch, schätzte aber trotz seines Wissens und seiner Erfahrung das Gehörte nicht richtig ein, und in

diesem Fall war die falsche Bewertung tödlich. Ich konnte das nie vergessen."

Wir wollen uns nun einem anderen Aspekt des Bewertens zuwenden, über den William Hartzell, technischer Leiter bei RCA, sprach. Er unterhielt sich mit uns über die Frage, warum manche Menschen nicht zuhören.

„Ich glaube, die Leute hören oft nicht zu, weil sie sich bedroht fühlen. Man hat noch keine Beziehung zu ihnen aufgebaut, und sie fürchten, man bedroht ihren Status quo. Aber noch wichtiger scheint mir für die meisten von uns zu sein, daß das Gesagte nicht unsere Interessen und Probleme berührt. Es ist nur menschlich, daß wir abwägen, wem wir unsere Zeit und Aufmerksamkeit schenken, und wenn man unsere Probleme nicht anspricht und uns hilft, sie zu lösen oder sonst unseren Interessen irgendwie entgegenkommt, hören wir nicht zu. Ich machte diese Erfahrung auf eine sehr harte Weise. Ich fing als Ingenieur an und ging nach ein paar Jahren in den Marketingbereich. Dort merkte ich, daß man die Interessen der Leute ansprechen muß, wenn man will, daß sie einem zuhören. Heute befinde ich mich in einer noch weiter gefaßten, schwierigeren Position. Ich bin im internationalen Anlagengeschäft tätig und reise viel. Gerade kam ich aus Europa zurück – meine 49. Reise bereits. Reden wir über das Thema Zuhören und Kommunikation! Auf dem internationalen Parkett des Elektronikgeschäfts haben wir einen Vorteil: Englisch ist dort die universale Sprache, wahrscheinlich, weil in England und USA in den 40er Jahren auf diesem Gebiet Pionierarbeit geleistet wurde. Und doch werden Hören und Verstehen zu großen Problemen, wenn man mit Menschen anderer Kulturen spricht. Man hat nicht den gleichen Bezugsrahmen wie der Gesprächspartner; man kann bestimmte umgangssprachliche Redewendungen nicht gebrauchen, weil sie beim anderen lächerlich wirken. Man muß sich daran erinnern, sein eigenes Kommunikationsverhalten zu kontrollieren und zu bewerten. Schließlich gibt es noch etwas, was die Menschen oft übersehen: Sie hören sich selbst nicht zu. Sie bewerten nicht, was sie sagen, und sie versichern sich nicht, ob sie das, was sie sagen, auch wirklich meinen. Darum: Bewerten Sie ihre Ideen; bewerten Sie, wie Sie sie ausdrücken; bewerten Sie, was Sie sagen! Bewerten Sie zuerst das, was Sie sagen, wenn Sie die Menschen zum Zuhören bringen wollen, um sicher zu sein, daß es in ihrem Interesse liegt, und beurteilen Sie dann, ob Sie auch das ausdrücken, was Sie sagen wollen."

Bewerten ist der dritte Baustein des Zuhörens.

2.5 Reagieren – Das 20-Millionen-Dollar-Mittagessen

Tragweite und Wesen des Reagierens, der vierten Komponente des Zuhörens, werden oft unterschätzt. Wir sind eine handlungsorientierte Gesellschaft und tendieren dazu, vor allem durch Aktion zu reagieren. Beim Zuhören neigen wir dazu, einige der ersten Schritte auszulassen, um gleich zu der unseres Erachtens erforderlichen Handlung überzugehen. Tatsächlich hören wir nicht einmal, was gesagt wird, weil uns der Zweck des Gesprächs klar scheint und wir schon über die Art des Reagierens nachdenken. Oder wir mißverstehen, was man uns sagt, weil wir die Worte zwar gehört haben, sie aber im Sinne einer vorgefaßten Vorstellung über die später notwendige Handlung falsch interpretiert haben. Es ist sogar möglich, daß unsere Bewertung über das vermeintlich Gesagte ins Leere geht, weil wir schon im voraus beschlossen haben, wie unsere Antwort sein sollte. Die Komponente des Reagierens führt aber offensichtlich nicht immer zur Handlung.

Trotzdem führt jede Art von Nichtantwort, ob sie nun aus Abwesenheit einer Reaktion oder deren völliger Unerforschlichkeit besteht, zur Zerstörung der für den Kommunikationsprozeß notwendigen Beziehung zwischen Sprecher und Zuhörer, bis schließlich die ganze Kommunikation zerstört ist. In Marguerite Yourcenars durch umfangreiche Forschungen gestütztem Meisterwerk „Hadrians Memoiren“ beschreibt der große Kaiser, wie er zuhörte:

> „Die Technik, die ich in dieser frühen, untergeordneten Position gezwungen war, mir anzueignen, hat mir in späteren Jahren bei den Gesprächspartnern, die ich nun als Kaiser hatte, genutzt: sich bei Audienzen den kurzen Vorträgen jeder Person völlig hinzugeben; die Welt für einige Minuten auf diesen Bankier zu reduzieren, auf jenen Kriegsveteranen, auf diese Witwe; diesen Menschen, von denen jeder so verschieden war und natürlich auf die engen Grenzen seines Standes beschränkt, alle Höflichkeit und Aufmerksamkeit zu geben, die man sich selbst gibt.“

Diese Art der Reaktion – 100%ige Aufmerksamkeit – ist eine der wirkungsvollsten, über die man als

Zuhörer verfügt. Die äußeren Anzeichen solchen Interesses können je nach Persönlichkeit variieren, seien es nun Kommentare wie „wirklich?", „wie ungewöhnlich!", „bitte fahren Sie fort" oder wohlgezielte kurze Fragen. Das soll nicht heißen, daß Antworten notwendigerweise Zustimmung oder eine Aktion implizieren. Aber sie sind Ausdruck von Wärme und Interesse, die dem Sprecher das Gefühl geben, daß man ihm genau zuhört, ihn versteht und respektiert. Unabhängig davon, wie wir das Gesagte bewerten, darf unsere Reaktion kein Urteil enthalten, um so dem Sprecher den Eindruck zu vermitteln, daß er seinen Standpunkt vertreten sollte.

Leider erleben wir es oft, daß der Versuch, mit einem falsch oder gar nicht reagierenden Zuhörer zu kommunizieren – vielleicht einem schmallippigen Kollegen oder jemandem, dessen Augen und Aufmerksamkeit überall sind, nur nicht beim Sprecher – in uns ein Gefühl der Enttäuschung und der Bestürzung und vielleicht den Beschluß hinterläßt, in Zukunft mit dieser Person so wenig wie möglich zu tun zu haben.

Eine Begebenheit, die bei unseren Interviews zur Sprache kam, wurde von dem erzählenden Manager aus dem technischen Bereich „das 20-Millionen-Dollar-Mittagessen" genannt; eines, das er, wie er sagte, nie vergessen werde. Er war gebeten worden, ein vielversprechendes, wenn auch kurzlebiges Produkt zu beurteilen, das ein schon im Ruhestand befindlicher Erfinder und Ingenieur der Firma vorgestellt hatte. Er lud den Ingenieur, ein schwatzhaftes und nachlässig angezogenes Original, zum Mittagessen ein, um die Sache zu besprechen. Er hatte den Eindruck, daß das Produkt gut war und daß er seiner Firma ein Angebot unterbreiten sollte, aber er hatte in Büchern über Verhandlungstechnik gelesen, daß es besser sei, nicht zu viel Begeisterung zu zeigen, auch wenn sein Unternehmen tatsächlich bereit war, zu einem fairen Preis abzuschließen. Beim Essen ermunterte er den alten Erfinder, über seine Arbeit zu sprechen, nahm aber selbst eine reservierte Haltung an. Schließlich fragte der alte Mann: „Nun, was meint man in Ihrem Unternehmen?“ Er antwortete: „Nun, ich muß darüber nachdenken und werde mich wieder an Sie wenden.“

> „Ich ließ den Alten drei Tage zappeln und rief ihn dann an: ‚Wir nehmen Ihren Vorschlag an und möchten einen Vertrag abschließen.‘ Eine lange Pause folgte. Dann antwortete er: ‚Ich habe geglaubt, Sie hätten abgelehnt! Ich weiß, wie Leute wie Sie reden und dachte, als Sie sagten, Sie müßten die Sache überdenken, Sie hätten auf höfliche Art ‚Nein‘ gesagt. Nun habe ich mit XY abgeschlossen‘ – und er nannte den Namen eines unserer größten Konkurrenten. Das Produkt spielte 20 Millionen Dollar ein, trotz seiner kurzen Lebensdauer. Ich habe das nie vergessen, und wenn ich jetzt etwas mag, dann reagiere ich auch entsprechend. Und wenn man von mir eine Antwort erwartet, dann gebe ich sie und warte nicht erst drei Tage.“

Das folgende stammt von Irv Al, Vorstandsmitglied des Sperry-Konzerns und Direktor der Region New Holland, der zuhörte und reagierte, als ein Mensch, den er bewunderte und von dem er gerade die Verantwortung für eine Produktgruppe übernahm, zu ihm sagte: „Irv, sorge dafür, daß die Unternehmensleitung dieses Produkt nicht aus dem Sortiment nimmt. Die Geschäfte mögen zur Zeit recht schlecht gehen, aber es hat wirklich Innovationspotential." Im Gespräch erzählte uns Irv:

> „Ich komme aus dem Marketing und bin im Außendienst groß geworden. Ich wurde dann Produktmanager, verbrachte fünf Jahre in Europa als Verkaufsleiter einer unserer europäischen Gesellschaften und landete schließlich hier. Ich hatte Glück, vom Verkauf in eine Innendienstabteilung zu kommen, die ein Produkt entwickelte, an das jemand, den ich bewunderte, wirklich glaubte und der mir sagte: ‚Irv, lasse nicht zu, daß die Unternehmensleitung dieses Projekt stoppt.' Ich muß zugeben, daß ich als bisheriger Außendienstmitarbeiter nicht beeindruckt war, als ich vor diesem unreifen Prototyp stand. Ich glaubte nicht, daß es jemals auf dem Markt Bestand haben würde, aber ich erinnerte mich an Johns Worte, und als ich in die Sitzungen über das Entwicklungsbudget für die nächsten Monate ging, hörte ich seine Worte im Ohr: Lasse nicht zu, daß dies gestoppt wird, es wird siegen.
>
> Zugegeben, die Produktentwicklung machte uns noch manche Kopfschmerzen, und es waren mehrere Anläufe nötig, bis die Endfassung stand, so daß wir länger brauchten als vorgesehen, um das Produkt auf den Markt zu bringen, aber es wurde schließlich doch ein glänzender Erfolg. Seitdem höre ich richtig zu und reagiere entsprechend. Als Manager bin ich stolz auf meine Zuhörfähigkeit, weil ich glaube, daß jeder Mitarbeiter es verdient, angehört zu werden. Es ist mensch-

lich, daß wir, je weiter wir in der Hierarchie nach oben kommen, glauben, alles zu verstehen und der Meinung sind, auf Ratschläge oder Hilfen verzichten zu können. Wir vernachlässigen daher oft, daß wir die Welt aus einer anderen Perspektive sehen als unsere Mitarbeiter. Unsere Ansichten werden von den Entwicklungen überholt, aber wir merken es nicht oder wollen es nicht zugeben. Wer glaubt, schon alles zu wissen und z. B. dem Verkäufer oder dem Händler draußen im Feld nicht zuhört, wird schließlich aus dem Geschäft katapultiert. Und wer nicht reagiert, dem sagt man schließlich gar nichts mehr."

Weiterhin sind uns die Kommentare von Dr. Les Krogh aufgefallen, dem auf dem Konsum- und Anlagegütersektor zuständigen Vorstandsmitglied bei 3M, der in der Öffentlichkeit hohes Ansehen genießt:

„Viele Techniker scheinen ihr soziales Umfeld, ihre Beziehungsfähigkeit, zu vernachlässigen, das Eingehen auf den anderen als Person. Bereits in den 50er Jahren nahm ich an Kommunikationsseminaren teil, und obwohl ich im Bereich von Wissenschaft und Forschung tätig war, lernte ich, welch wichtige Rolle der Mensch spielt, ganz gleich, ob man eine technische oder kaufmännische Karriere verfolgt und unabhängig von den eigenen Interessen.

Aus einem anderen Blickwinkel betrachtet, müssen aber auch die Unternehmen reagieren: Sie müssen beiden Interessen gleichen Wert einräumen, also – wenn sie erstklassige Wissenschaftler und Ingenieure haben wollen – nicht nur der Managementseite. Das Unternehmen muß den Mitarbeitern klarmachen: Eine Karriere im technischen oder im kaufmännischen Bereich bietet die gleichen Chancen, den gleichen Status. Nicht nur der Mensch muß angemessen reagieren, sondern auch die Organisation.

Auf noch etwas müssen wir richtig reagieren: Es gehört zu den schwierigen Dingen im Geschäftsleben, uns nicht in die Situation drängen zu lassen, über etwas zu sprechen, was außerhalb unserer Fachkompetenz liegt. Wir sagen z. B. jemandem: ‚Dieses Produkt funktioniert auch noch bei 400° Fahrenheit.' Ihre Gesprächspartner sind damit aber aus Marketinggründen nicht zufrieden und sagen: ‚Unter gewissen Umständen kann man aber bis 430° F. gehen, oder?' Und dann neigt man dazu, zu erwidern: ‚Ja, unter gewissen Umständen', obwohl wir antworten sollten: ‚Es taugt für 400°. Punktum.' Wir Techniker sind auch oft nicht aggressiv genug, weil das als egozentrisch gilt. Die meisten unserer technischen Projekte verlangen Teamwork. Dabei müssen wir gut zuhören und unsere Antworten abwägen, so daß sie sowohl der Situation als auch der Person gerecht werden. Oft hören, verstehen und bewerten wir korrekt, aber reagieren nicht adäquat auf diesen beiden Ebenen: der menschlichen und der situativen, die wir qua Erfahrung unter Kontrolle halten müssen."

Reagieren ist der vierte Baustein guten Zuhörens.

2.6 Das Zuhörmodell

Zuhören als Grundmodell menschlicher Kommunikation mit Hilfe der Sprache ist also eine höchst komplexe, rätselhafte und sich früh entwickelnde Fähigkeit, wesentlicher Bestandteil unseres „Geburtsvermögens" der Sprache. Wir definieren es hier anhand von vier Bausteinen: Wahrnehmung, Interpretation, Bewertung und Reaktion, um daraus ein Modell über das Zuhören abzuleiten.

Auf oberflächliche Weise wissen wir, wie wir hören, wie also bei diesem physischen Aspekt des Zuhörens Tonschwingungen durch die Gehörgänge, das Trommelfell, die Gehörschnecke, den Steigbügel und den Amboß zu den Gehörnerven weitergeleitet werden. Insoweit können wir die Stimulation nachverfolgen. Was nun aber den Prozeß der Interpretation anbelangt, betreten wir terra incognita. Wir wissen praktisch nichts darüber, wie das Gehirn etwas versteht, außer, daß wir mit der Fähigkeit geboren werden, Sprache zu interpretieren und in Symbolen zu denken und daß sich diese Fähigkeit in uns früh und schnell entwickelt. Wir wissen, daß im Alter von 5 oder 6 Jahren die Fähigkeit zur Interpretation bereits ausreichend entwickelt ist, um zu sprechen, und daß sie sich in dem Maße weiterentwickelt, wie unser Wortschatz wächst. Wir wissen, daß wir diese erstaunliche Fähigkeit automatisch anwenden und für den Rest unseres Lebens als selbstverständlich betrachten. Machen wir uns zuletzt noch klar, wieviel der Zuhörer selbst in die Phase des Zuhörens im Kommunikationsprozeß einbringt: Nämlich sein ganzes Leben. Die einfachste Feststellung verlangt vom Zuhörer, seine ganz Erfahrung und sein ganzes Wissen anzuwenden.

Es folgen zwei Beispiele aus Morton Hunts ausgezeichnetem Buch „The Universe Within“ über die neuesten Entdeckungen der Kognitionspsychologie über unseren Verstand:

> „Mary hörte den Eiswagen die Straße entlang fahren. Sie erinnerte sich an das Geld, das sie zum Geburtstag erhalten hatte und rannte ins Haus.“ – David E. Rumelhart von der University of California in San Diego las diese zwei unscheinbaren Sätze (oder Anfang einer Geschichte für Kinder) der Menschenmenge vor, die sich beim Treffen der American Educational Research Association 1979 in San Fransisco im Vortragssaal drängte. Er fragte uns, was wir diesen Sätzen entnehmen könnten.
>
> „Die meisten Leser“, sagte er, „erkennen, daß Mary ein kleines Mädchen ist, daß es Eis haben möchte, als es den Wagen hört, und daß es ins Haus geht, um Geld zu holen, mit dem es Eis kaufen kann.“ Liegt das nicht auf der Hand? Ja, aber wo steht das alles in diesen zwei Sätzen? „Die meisten Leser“, erklärte er, „fügen diese Informationen (und noch vieles mehr) dem Fragment hinzu, wenn sie es lesen. Sie fügen das fehlende Material ein, indem sie eine Reihe von Schlußfolgerungen ziehen, die sie ihrem individuellen Weltverständnis entnehmen. Die gleichen Sätze würden bei nur einem einzigen anderen Substantiv diese Leser veranlassen, zu gänzlich anderen Schlußfolgerungen zu gelangen und ein völlig anderes Füllmaterial zu verwenden. „Erset-

zen Sie *Eis* durch *Bus,* zum Beispiel, oder *Geld* durch *Gewehr*", sagte Rumelhart, „und Sie werden sehen, wie anders die Interpretation aussehen wird."

Sein zweites Beispiel stammt von einem Kognitionspsychologen der Stanford-Universität:

> „Kognitionspsychologen haben ihre Lieblingsbeispiele für den Austausch kurzer Gesprächsformeln, die jeder normale Mensch sofort versteht, die aber eine ganze Seite an Erklärungen beanspruchen würden, um sie einem Wesen von einem anderen Stern zu erklären. Eines davon erwähnte mir gegenüber der Sprachforscher Herbert H. Clark von der Stanford-Universität: Wissen Sie, wie spät es ist? Es ist 10 nach 5. Clark stellt heraus, daß die Frage nicht bedeutet, ob man *weiß,* wie spät es ist – die einfache Antwort mit Ja oder Nein würde als Feindseligkeit empfunden werden. Um die Frage und die Antwort darauf verstehen zu können, müssen die Beteiligten weiterhin das gleiche Wissen über unsere Zeiteinteilung besitzen und sie wie wir ausdrücken. Sie müssen wissen, wann es sich erübrigt, noch hinzuzufügen, ob 5 Uhr morgens oder abends gemeint ist, und schließlich müssen sie darüber übereinstimmen, wieso es in unserer Welt überhaupt von Nutzen ist, die Uhrzeit zu wissen. Clark faßt dies so zusammen: ‚Wir bringen bei den einfachsten Äußerungen ein enormes Wissen zum Tragen, um diese verstehen zu können!' "

Zuhören heißt also, daß wir aus einem tiefen Brunnen *gemeinsamen* Wissens und Verstehens, *gemeinsamer* Annahmen und Überzeugungen heraus wahrnehmen und interpretieren.

Das sich aus den vier Komponenten zusammensetzende Modell „WIBR“ – Wahrnehmen, Interpretieren, Bewerten und Reagieren – kann auf ganz unterschiedliche Art dazu dienen, unsere Fähigkeit zuzuhören zu verbessern. Zum einen handelt es sich um ein Diagnoseinstrument. Bei der Untersuchung vergangener Vorfälle, bei denen die Kommunikation gestört war, hilft uns das WIBR-Modell festzustellen, in welcher Phase der Fehler passierte. Denn wenn wir wissen, auf welcher Stufe das Problem auftrat, können wir es oft beseitigen oder zumindest daraus lernen.

Weiter kann das WIBR-Modell in aktuellen Situationen angewendet werden, wenn wir als aktive Zuhörer die einzelnen Stufen bewußt mitverfolgen. Und schließlich kann das WIBR-Modell als Planungsinstrument für die Zukunft dienen. Tausende von Menschen, die ihre Zuhörtechnik verbessern wollen, wenden das Modell an, wenn sie sich überlegen, wie sie am besten die tägliche Herausforderung in Zuhörsituationen meistern können.

Im *dritten Kapitel* erhält der Leser Gelegenheit, sich selbst als Zuhörer zu analysieren. Er bekommt Rückmeldung darüber, wie Zuhören sein Leben beeinflußt und welchen Wert das Zuhören für ihn hat. Und es werden ihm Bereiche aufgezeigt, in denen es sich für ihn lohnt, seine Zuhörgewohnheiten zu verbessern. Im *vierten* Kapitel wird die Rolle besprochen, die das Zuhören im Kommunikationsprozeß spielt.

Durch das Studium des gesamten Kommunikationsprozesses in seinen vielfältigen Zwecken und Verzweigungen werden wir nicht nur bessere Zuhörer, sondern verbessern die Verständigung im ganzen. In *Kapitel fünf* untersuchen wir die verschiedenen Ansätze, Haltungen und Techniken, die sich bei der Verbesserung des Zuhörens als wirksam und nutzbringend erwiesen haben.

Doch nun zu Kapitel drei: Der Leser soll sein Verhalten als Zuhörer kritisch unter die Lupe nehmen, seine gegenwärtigen Stärken und Schwächen herausfinden. Er soll erkennen, was Zuhören für ihn selbst bedeutet.

3. Sie als Zuhörer

Einsicht in Ihre Zuhörgewohnheiten kann Ihr Leben ändern · Fehlannahmen und Illusionen über das Zuhören · „Ich kann zuhören, wenn ich wirklich will“ · Tests · Wem hören Sie zu? · Wer hört Ihnen zu?

3.1 Einsicht in Ihre Zuhörgewohnheiten kann Ihr Leben verändern

Dieser Abschnitt ist der wohl am unmittelbarsten umsetzbare dieses Buches: Fragen und Antworten, die Ihnen helfen, Ihr persönliches Zuhörprofil zu erstellen und Ihnen so Einsicht zu vermitteln über Sie selbst als Zuhörer und Mensch.

Der Abschnitt besteht aus fünf Blöcken analytischer Fragen, die Sie so gewissenhaft und ehrlich wie möglich beantworten sollen. Die meisten Fragen werden Sie sich wahrscheinlich noch nie ernsthaft gestellt haben. Dennoch sind sie von grundlegender Bedeutung, und alle Änderungen und Verbesserungen, die Sie in Ihren Zuhörgewohnheiten erzielen können, fließen aus dem Wissen, das Sie mit Hilfe dieser Fragen erwerben werden. Zuerst müssen wir jedoch einige Fehlannahmen und Illusionen über das Zuhören begraben, Legenden, die uns davon abhalten, dieser Fertigkeit die Aufmerksamkeit und Sorge zu widmen, die sie verdient. Sie könnten sehr wohl die

Ursache dafür sein, daß man sich dem bewußten Trainieren des Zuhörens erst so spät zugewendet hat und daß es in der Schule nicht die gleiche Bedeutung hat wie Sprechen, Lesen, Schreiben.

Es gibt sieben Irrtümer, die uns nachdenklich stimmen sollten:

Irrtum: 1: Zuhören ist vor allem eine Frage der Intelligenz.

In Wahrheit ist Zuhören eine Fertigkeit, die vielen intelligenten Menschen fehlt, so wie viele intelligente Leute nicht über Sprachbegabung verfügen. Viele einsatzfreudige, dynamische Menschen sind, zum Teil wegen ihres intensiven Strebens nach ihren Zielen, zu schlechten Zuhörern geworden; ein Beispiel war der erwähnte Robert Oppenheimer. Doch wenn ihn etwas interessierte, konnte er mit gespannter Aufmerksamkeit zuhören. Wissenschaftler versuchten, durch Experimente herauszufinden, ob es einen Zusammenhang zwischen Intelligenztestergebnissen und der Fähigkeit zuzuhören gibt; die Ergebnisse ließen einen solchen Schluß nicht zu, die Korrelationskoeffizienten schwankten erheblich. Seit den späten 40er Jahren arbeiten Universitäten an dieser Frage. Die Korrelationen liegen im allgemeinen im schwachen Bereich oder sind Null. In einer Studie an der Universität von Minnesota wurden männliche und weibliche Probanden nach Intelligenz und Zuhörvermögen untersucht. Obwohl die weibliche Gruppe einen höheren Intelligenzdurchschnitt aufwies, schnitt sie beim Zuhören schlechter ab. Man stellte fest, daß in rund 95% der Fälle Männer bessere Zuhörer waren als Frauen. In ähnlichen Experimenten schnitten jedoch Frauen besser ab, so daß der Schluß naheliegt, daß die Differenz auf das unterschiedliche Thema zurückzuführen war. In einer anderen, jedoch recht obskuren Studie der gleichen Universität testete man die Zuhörleistungen von Kindern, die man nach den Berufen ihrer Eltern gruppierte. Der Nachwuchs von Landwirten zeigte größere Fähigkeiten im Zuhören, als man anhand des Rangplatzes seiner Intelligenztestergebnisse bezüglich anderer Gruppen hätte erwarten müssen. Mit keinem der bisherigen wissenschaftlichen Tests hat man bisher hohe Korrelationen zwischen Intelligenz und Zuhörvermögen feststellen können.

Irrtum 2: Zuhören ist eng mit dem Hörvermögen verbunden.

Gelegentlich wird dem vagen Glauben Ausdruck gegeben, daß das Hörvermögen die Fähigkeit zuzuhören kontrolliere. In Wahrheit muß der Verlust des Gehörs schon sehr erheblich sein, um die Fähigkeit zuzuhören zu beeinträchtigen. In der normalen Bevölkerung ist dies jedoch nur bei alten Menschen ein Problem. Nur 5% der amerikanischen Schüler leiden unter Gehörschäden, die so erheblich sind, daß sie die Lernfähigkeit einschränken, was aber meist durch entsprechende Maßnahmen kompensiert werden kann. Oberhalb dieser Schwelle beeinträchtigt das Hörvermögen die Fähigkeit zuzuhören nicht.

Irrtum 3: Tägliches Zuhören ersetzt das Üben.

Am meisten verbreitet scheint die Legende zu sein, daß wir gute Zuhörer sein müssen, weil wir den größten Teil unseres wachen Lebens damit verbringen. Doch alle Tests der tatsächlichen Leistungen im Zuhören enthüllen die traurige Tatsache, daß wir nicht wissen, wie man zuhört. Die Folgen unserer nur 25%igen Zuhörleistungen mögen für den einzelnen meist nur aus verlorener Zeit und Mißverständnissen bestehen; in unserer hochtechnisierten Welt sind sie Vergeudungen von Ressourcen und manchmal sogar katastrophal. Die Personen an den Schalthebeln unserer Gesellschaft müssen diese Fertigkeit mit um so mehr Sorgfalt pflegen, je weiter sie nach oben kommen und je mehr unser aller Leben von ihren Entscheidungen abhängt. Genauso, wie wir durch Übung und Ausbildung schlechte Sprachgewohnheiten korrigieren können, so können wir – wie durch dieses Buch gezeigt werden soll – unvorteilhafte Zuhörgewohnheiten, die wir erworben haben, wieder beseitigen. Die wertvolle Fähigkeit des Zuhörens kann durch Übung enorm verbessert werden.

Irrtum 4: Da wir in der Schule Aufmerken, Lesen und Schreiben gelernt haben, wissen wir auch, wie man richtig zuhört.

Diese Annahme ist wohl Ursache dafür, daß unser Bildungssystem die Schulung im Zuhören völlig vernachlässigt hat. Daß diese Annahme nicht zutrifft, erkennt man, wenn man Zuhören durch Sprechen ersetzt. Lesen und Schreiben machen uns nicht notwendigerweise auch zu guten Rednern. Übung verbessert nicht nur die Sprechfertigkeit, sondern genauso die Fähigkeit zuzuhören. Viele Lehrer sind heute der Meinung, daß Zuhörtrainings in den Lehrplan aufgenommen werden sollten und daß dieser Unterricht die Lernfähigkeit wesentlich steigern würde. In der 1978 verabschiedeten Änderung des Gesetzes über die Grund- und Sekundarschulerziehung wurde diesem Konzept durch die Klausel „verbale Kommunikationsfertigkeiten, d.h. Sprechen und Zuhören", Ausdruck gegeben.

Irrtum 5: Lesen zu lernen ist wichtiger als Zuhören zu lernen.

Allgemein nimmt man an, daß das menschliche Verhalten mehr durch das, was man liest, als durch das, was man hört, beeinflußt wird. Tatsache ist aber, daß man im Alltagsleben dreimal soviel hört als man liest. Dr. Nichols, ein Pionier auf dem Gebiet des Zuhörens, wies in früheren Studien an der Universität Minnesota darauf hin, daß Zuhören und das Aufnehmen durch das Gehör zum Teil deswegen unterschätzt werden, weil die größte Menge an Information visuell aufgenommen werden kann und weil das Auge offensichtlich das dominierende Sinnesorgan ist. Trotzdem leben wir in einer Welt voller Geräusche, die alle eine Bedeutung haben, sind uns aber kaum der Bedeutung des Hörens und Zuhörens bewußt. Im Vergleich zwischen den Fertigkeiten von Auge und Ohr zeigt sich jedoch, welch umfassende Rolle unser Gehör beim Verstehen sogar auf dem niedrigsten Wahrnehmungsniveau spielt. Es ist wichtig, sich folgendes klar zu machen: daß das Ohr Informationen aus allen Richtungen aufnimmt, während das Auge erst etwas fixieren muß; daß das Ohr empfänglicher ist als das Auge, weniger Energie zu seiner Aktivierung benötigt; daß die Reaktionszeit für Geräusche geringer ist als beim Sehen (153 im Vergleich zu 174 Millisekunden); und daß das Ohr mit seiner großen Eignung für ununterbrochenen Einsatz offenbar ausdauernder ist als das Auge. Wir gebrauchen deshalb unser Hörvermögen häufiger und kontinuierlicher als unsere anderen Sinne. Seine Bedeutung für uns ist viel größer, als man denkt. Und doch lassen wir unserer Fähigkeit zuzuhören keinerlei Übung angedeihen und nehmen an, daß Lesen, Schreiben und Sprechen für unsere Bildung entscheidend sind, während Zuhören kein Fach ist, das unser Bildungssystem in Betracht zu ziehen braucht.

Irrtum 6: Gutes Zuhören ist eine Sache des Willens.

Dies ist ein weit verbreiteter Glaube, der vielleicht auf den Erfolgen des Zuhörens beruht. Leider ist er genauso unwahr wie die Überzeugung, daß wir es mit schierer Willenskraft schaffen, 100 Meter in 10 Sekunden zu laufen. Doch Leistung hängt von geübten Fähigkeiten und Fertigkeiten ab. In diesem Abschnitt klärt Dr. Steil diesen Fehler mit Hilfe eines kleinen, einfachen Tests auf, der überraschende und vielleicht erschreckende Ergebnisse aufweist (s. Kap. 3.2.6).

Irrtum 7: Zuhören ist passiv und erfordert weder Geschick noch Anstrengung.

Im Kommunikationsprozeß ist es der Sender, der allein für die erfolgreiche Kommunikation verantwortlich ist. Das vorliegende Buch sollte Ihnen zumindest zeigen, daß Zuhören ein entscheidender Bestandteil der Kommunikation ist, daß es sich um eine aktive Fertigkeit handelt, die manchmal schwierig und ermüdend ist, und daß der Zuhörer – in den Worten von Dr. Steil – „zumindest die Verantwortung für 51% der Kommunikation übernehmen sollte". Diejenigen, die durch ihre Arbeit dazu gezwungen sind, gut zuzuhören, bemerken schnell, welche Bedeutung gutes Zuhören für erfolgreiche Kommunikation hat.

Die sieben Irrtümer über das Zuhören waren also:

(1) Zuhören sei vor allem eine Frage der Intelligenz; wer intelligent ist, hört von Natur aus gut zu, und wer kein guter Zuhörer ist, ist wahrscheinlich nicht besonders intelligent.
(2) Die Fähigkeit zuzuhören hinge eng mit dem Hörvermögen zusammen.
(3) Nur weil wir die meiste wache Zeit mit Zuhören verbringen, seien wir automatisch schon gute Zuhörer.
(4) Unsere Ausbildung im Lesen und Schreiben lehre uns auch das Zuhören.
(5) Dinge wie Lesen zu lernen seien wichtiger als Zuhören zu lernen.
(6) Gut zuhören sei eine Frage des Wollens.

(7) Zuhören sei passiv und erfordere weder Anstrengung noch Geschick; es sei vielmehr der Sender, der im Kommunikationsprozeß für den Erfolg der Übermittlung verantwortlich ist.

Diese Irrtümer haben ernsthafte Forschungen über das Zuhören verzögert. In den letzten 10 bis 15 Jahren haben nun die Komplexität unserer Gesellschaft und die lebenswichtige Rolle, die das Zuhören für Wirtschaft und Mensch spielt, unsere Aufmerksamkeit auf diesen Teil der Kommunikationsfähigkeit gelenkt. Unternehmen nehmen das Thema Zuhören in ihre Ausbildungsprogramme und Arbeitsunterweisungen auf, weil damit die Effizienz des Faktors Arbeit stark ansteigt. Enorme Einsparungen an Zeit und Material können erzielt werden, die sonst durch notwendige Nachbesserungen verloren gingen, weil Anweisungen nicht befolgt wurden oder man sie nicht sorgfältig genug angehört hatte, um sie richtig zu interpretieren. Die verschiedenen Schätzungen über die wirtschaftlichen Verluste, die jährlich durch schlechtes Zuhören entstehen, gehen in die Milliarden, und man nimmt an, daß sie in dem Maße, wie die Verflechtung unserer Wirtschaft zunimmt, ansteigen werden, wenn kein Unterricht im Zuhören gegeben wird.

Wir befassen uns in diesem Abschnitt vor allem mit dem persönlichen Wert des Zuhörens. Wissenschaftlern und Praktikern ist der generelle Wert des Zuhörens im Berufsleben bekannt, aber da es hier auch um das individuelle Zuhörprofil des einzelnen geht, haben wir die Vorteile, die es auf der rein menschlichen Ebene hat, zusammengefaßt. Sie wurden von Dr. Ralph G. Nichols aus Erfahrungen von Tausenden von Menschen zusammengetragen, die an Zuhörseminaren teilgenommen haben. Sie sind in 14 Hauptpunkte aufgeteilt, ohne daß ihre Abfolge auf eine bestimmte Rangordnung hinweist. Sie alle waren den Teilnehmern wichtig.

Zuhören kann Spannung reduzieren. Wenn man dem anderen die Möglichkeit gibt, sich sein Problem oder seinen Standpunkt „von der Seele zu reden", trägt das dazu bei, die Gesprächsatmosphäre zu reinigen und Feindseligkeit abzubauen.

Man lernt durch Zuhören. Man lernt beim Zuhören etwas über das Thema, über das gesprochen wird, oder über die Person, die spricht. Man lernt um so mehr, je mehr man (1) auf den Sinn zwischen den Zeilen hört, (2) die Fakten hinter den Worten sucht, (3) auf die Antworten achtet, die man auf seine Fragen erhält, (4) auf den Kontext achtet, in dem das Gesagte steht, (5) die Person in Betracht zieht, die etwas sagt (Gefühle, Intelligenz, Temperament, Eloquenz, Reaktionsmuster).

Durch Zuhören kann man Freunde gewinnen. Der Sprecher wird es schätzen, daß sie ihn aussprechen lassen und ihm aufmerksam zuhören.

Zuhören kann das Problem des anderen lösen. Wenn Sie dem anderen die Möglichkeit geben, sein Problem mit Ihnen durchzusprechen, kann das (1) seine Gedanken über das Thema klären und ihm (2) in emotionaler Hinsicht zum „Dampfablassen" verhelfen.

Zuhören trägt dazu bei, Probleme gemeinsam zu lösen und unterschiedliche Meinungen wirklich auszutauschen. Kein intelligenter Mensch kann einem anderen zustimmen oder widersprechen, solange er nicht wenigstens den Standpunkt des anderen verstanden hat. Wenn man einander versteht, kann man gemeinsam versuchen, das Problem zu lösen.

Zuhören erhöht die Kooperationsbereitschaft. Wenn jemand das Gefühl hat, daß Sie wirklich an seinen Problemen, Gedanken und Überzeugungen interessiert sind, wird er Sie und das Unternehmen, das Sie repräsentieren, respektieren. Erst dann wird er mit Ihnen zusammenarbeiten.

Zuhören stimuliert den Redner. Waches, eifriges, aktives Zuhören hilft dem Sprecher, seine Ideen besser zu präsentieren.

Zuhören verbessert Ihre Entscheidungen. Durch gutes Zuhören profitieren Sie von den Erfahrungen derjenigen, die auf dem gleichen Gebiet arbeiten wie Sie. Das steigert Ihr Urteilsvermögen und verschafft Ihnen zusätzliche Informationen.

Zuhören erhöht ihre Arbeitsqualität. Fragen Sie einmal Ihre Kollegen und Vorgesetzten, wie Sie ihrer Meinung nach effizienter arbeiten könnten. Anschließend hören Sie gut zu. Sie werden wahrscheinlich überrascht sein, wieviele gute Ideen dabei herauskommen.

Zuhören steigert Ihren Verkaufserfolg. Stellen Sie wohlüberlegte Fragen und hören Sie dann gut zu. „Welche Vorteile hat es Ihrer Meinung nach, die Arbeit gerade so zu machen?“ „Wenn Sie Ihren

Nachbarn von den Vorzügen eines Traktors überzeugen müßten, was würden Sie sagen?" „Wie könnten wir ein solches Projekt auf diesem Gebiet am besten lancieren?" Hören Sie sich die Antworten an, denn sie verkaufen Ihnen dabei gleichzeitig die Idee oder das Produkt.

Zuhören schützt Sie vor Unannehmlichkeiten. Oft reden wir, ohne zuerst der anderen Seite zugehört zu haben, preschen vor, treffen Entscheidungen, die wir später am liebsten wieder zurückziehen würden, üben Kritik, die wir später bedauern, oder verpflichten uns zu Handlungen, die wir nicht ausführen können oder wollen. Zuhören ...... Dann reden!

Zuhören gibt Ihnen Selbstvertrauen. Wenn Sie dem Verlauf einer Diskussion aufmerksam folgen, können Sie sicher sein, daß das, was Sie sagen, für das Thema bedeutsam ist. Wenn Sie den Argumenten des Gegners aufmerksam folgen, können Sie sie auch präzise widerlegen. Wenn Sie gut zuhören, können Sie Schwachstellen in der Argumentation des anderen ausfindig machen und können zuversichtlich Ihren eigenen Standpunkt vertreten. Wenn Sie gut zuhören, können Sie sicher sein, daß Ihr Bericht über die Diskussion genauer sein wird als der der meisten anderen.

Zuhören macht Spaß. Gutes Zuhören steigert die Freude, die Sie an einem Theaterstück, einem Film oder einem Vortrag oder dem Fernsehprogramm haben. Darüber hinaus hilft es Ihnen, angemessene Maßstäbe für das Gehörte zu entwickeln.

Zuhören gibt Ihnen Zeit zum Denken. Die durchschnittliche Sprechgeschwindigkeit beträgt etwa

125 Worte pro Minute, während das Zuhörvermögen 400 bis 600 Worte pro Minute beträgt. Sie haben also beim Zuhören rund 75% Ihrer Zeit für andere Aktivitäten frei. Sie können diese Zeit nicht nur zum besseren Verständnis des Gesagten verwenden, sondern sich gleichzeitig auch Antworten bereitlegen, Entscheidungen treffen und Handlungen planen. Ab und zu können Sie auch absichtlich Fragen nur zu dem Zweck stellen, Zeit zum Nachdenken zu gewinnen.

3.2 Erstellen Sie Ihr persönliches Zuhörprofil

Es gibt fünf Arten, auf die Sie sich selbst als Zuhörer beurteilen können, auf die andere wiederum Sie beurteilen oder auf die Sie andere beurteilen. Erfahrungsgemäß zeigt sich, daß der Teilnehmer durch diese Beurteilungen überraschende Einsichten über sich selbst vermittelt bekommt und veranlaßt wird, sich in einem anderen Licht zu sehen, nicht nur als Zuhörer, sondern auch als Mensch, nämlich so, wie die anderen ihn sehen. Die fünf Beurteilungskriterien sind: (1) Selbsteinschätzung des Zuhörverhaltens auf drei verschiedenen Skalen. (2) Wie glauben Sie, würden andere Sie selbst auf diesen Skalen einstufen? (3) Tatsächliche Einschätzungen Ihres Zuhörverhaltens durch andere. (4) Ihre Beschreibung des besten Zuhörers, den Sie kennen. (5) Ihre Beschreibung des schlechtesten Zuhörers, den Sie kennen.

3.2.1 Eigenbeurteilung

1. Teil: Wie schätzen Sie sich selbst als Zuhörer ein? In Hunderten von Seminaren baten wir die Teilnehmer, sich selbst als Zuhörer einzustufen: Im ganzen gesehen (d. h. von besonders guten und schlechten Ausnahmen abgesehen), wie würden Sie sich als Zuhörer einschätzen?

Kreuzen Sie das Zutreffende an:

- überragend ☐
- ausgezeichnet ☐
- überdurchschnittlich ☐
- durchschnittlich ☐
- unterdurchschnittlich ☐
- schlecht ☐
- miserabel ☐

Wie stufen Sie sich auf der obigen Skala ein

a) am Arbeitsplatz
b) zu Hause?

2. Teil: Wie würden Sie Ihr Zuhören auf einer Skala von 0 bis 100 einstufen

a) am Arbeitsplatz
b) zu Hause?

3. Teil: Welche Worte beschreiben Ihre Art zuzuhören am besten? Verwenden Sie nur Adjektive!

3.2.2 Vermutete Beurteilung durch andere

Nun sind Sie aufgefordert zu beschreiben, wie Sie glauben, daß andere Menschen, und zwar mindestens fünf, die für Sie sehr wichtig sind, Sie als Zuhörer nach obiger Methode beurteilen würden. Die Auswahl soll Ihren besten Freund, Ihren Vorgesetzten, Ihre Kollegen, Ihre Mitarbeiter, Ihren Ehegatten und Ihre Kinder enthalten. Benutzen Sie dazu die Übersicht in Tabelle 1.

3.2.3 Tatsächliche Beurteilung durch andere

Bitten Sie nun die obengenannten Personen, Sie nach dem obigen Schema einzustufen. Von hier aus können sich wichtige Einsichten ergeben.

3.2.4 Beschreibung der besten Zuhörer

Wählen Sie maximal 10 Personen, die in Ihrem Leben von großer Bedeutung gewesen sind, die Ihrer Meinung nach zu den besten Zuhörern gehören. Bestimmen Sie eine Rangfolge und beschreiben Sie diese.

3.2.5 Beschreibung der schlechtesten Zuhörer

Listen Sie schließlich noch die 10 schlechtesten Zuhörer auf, die Sie kennen und klassifizieren und beschreiben Sie auch sie.

> Einen Fragebogen, mit dem Sie Ihr persönliches Zuhörprofil erarbeiten können, finden Sie im Anhang des Buches.

Tabelle 1

	überragend	ausgezeichnet	überdurchschnittlich	durchschnittlich	unterdurchschnittlich	schlecht	miserabel
Teil 1							
Bester Freund							
Vorgesetzter							
Kollege							
Mitarbeiter							
Ehegatte							
Kinder							

Teil 2
Wie glauben Sie, würde die gleiche Gruppe Sie auf einer Skala von 0 bis 100 einstufen?

Teil 3
Mit welchen Worten würde jede dieser Personen Sie Zuhörer beschreiben?

3.2.6 „Aber wenn ich will, kann ich sehr gut zuhören“

Die meisten der Teilnehmer, die das persönliche Zuhörprofil sorgfältig und gewissenhaft erstellt haben, glauben, daß sie im Durchschnitt keine sehr guten Zuhörer sind. Aber sie meinen, daß sie unabhängig von den Ergebnissen dieses Tests gut zuhören können, wenn es tatsächlich notwendig ist. Dr. Steil bietet dann in seinen Seminaren den Topmanagern, hohen Beamten und anderen hochkarätigen Teilnehmern folgenden Test an:

> „Sie sagen mir, daß Sie nicht immer so gut zuhören, wie Sie könnten, daß Sie aber gut zuhören könnten, wenn Sie nur wollten. Ich gebe Ihnen die Gelegenheit, mir Ihre Fähigkeiten zu zeigen. Bitte setzen Sie alle Ihnen zur Verfügung stehenden Mittel und Ihr ganzes Können ein, wenn Sie den Instruktionen zuhören, die ich Ihnen jetzt gebe. Sie sind weder besonders schwer noch kompliziert. Anschließend stelle ich Ihnen ein paar einfache Fragen dazu.“

Anschließend legt er ihnen folgende Anweisung vor:

> „Bitte veranlassen Sie, daß R. Stevens um 13.32 Uhr am Flughafen ist, um John Morris von unserer Zentrale abzuholen. Frl. Murray von der Fa. Arrow Enterprises wird sich am Ausgang der Gruppe anschließen. Bringen Sie Herrn Morris und Frl. Murray in unsere Zentrale in der 20. Straße, Nr. 1161, wo um 15.00 eine Besprechung stattfindet. Im Anschluß an diese Besprechung wird Herr Murphy entscheiden, ob man ernsthafte Gespräche über die Fusion führen sollte.“

Den Teilnehmern werden diese Instruktionen deutlich und langsam, aber eben nur einmal vorgelesen. Dann stellt man ihnen die folgenden sieben Fragen:

(1) Wie lautete der Name der Person, die zum Flugplatz gesandt wurde, um jemanden abzuholen?
(2) Wie lautete die Adresse von Arrow Enterprises?
(3) Wie hieß die Firma, für die Herr Morris arbeitete?
(4) Ist ausreichend Zeit, um den Termin für die Besprechung einzuhalten?
(5) Wann soll die Besprechung beginnen?
(6) Wer ist die Person mit dem höchsten Rang?
(7) Was soll auf der Konferenz beschlossen werden?

Diese 30 Sekunden dauernde Anweisung und ähnliche Versionen davon wurden in unzähligen Seminaren Tausenden von hochqualifizierten Führungskräften vorgelegt, die all ihre Fähigkeiten einsetzten und so sorgfältig und intensiv zuhörten, wie sie nur konnten. In keinem Fall ist es bisher jemandem gelungen, alle sieben Fragen korrekt zu beantworten. Im Durchschnitt wurden drei Fragen richtig beantwortet. In dem Seminar, an dem zwei der drei Autoren dieses Buches teilnahmen, beantwortete der eine – ein erfahrener Interviewer – drei Fragen richtig, der andere – Autor und Kommunikationsexperte – keine einzige!

Der Dozent hatte gesagt: „Setzen Sie alle Fähigkeiten und Mittel ein!“ Die erfahrene Interviewerin, die ihren Kassettenrecorder dabei hatte, setzte ihn aber nicht ein. Viele Teilnehmer besaßen Notizblöcke, aber nur zwei oder drei machten Notizen, und keiner bat den Dozenten, die Instruktion zu wiederholen.

Hier sind die richtigen Antworten auf die sieben Fragen:

(1) Wie heißt die Person, die zum Flugplatz gesandt wurde, um jemanden abzuholen?

Viele antworteten korrekt: R. Stevens. Andere benutzten das Wort „er" oder sagten Herr R. Stevens oder Herr Stevens. Es gab keinen Hinweis darauf, ob es sich bei „R. Stevens" um einen Mann oder eine Frau handelt. Viele andere verstanden den Namen falsch oder verwechselten ihn mit anderen Namen der Anweisung.

(2) Wie lautete die Adresse von Arrow Enterprises?

Sie wurde gar nicht genannt. Viele erinnerten sich natürlich an die Adresse der Zentrale (20. Straße Nr. 1161) oder eine Abweichung davon und gaben dies als Adresse an. Der Großteil der Zuhörer beantwortete diese Frage falsch.

(3) Wie hieß die Firma, für die Herr Morris arbeitete?

Wiederum wurde hier der Name nicht genannt. Die einzige Beziehung, die hergestellt worden war, war die zu unserer Zentrale. Einige verwechselten Herrn Morris mit Frl. Murray von der Fa. Arrow Enterprises.

(4) Bleibt genügend Zeit, um zur Konferenz zu gelangen?

Weil wir nicht wissen, wie weit der Flugplatz von der Zentrale in der 20. Straße Nr. 1161 entfernt ist, ist es schwierig, diese Frage exakt zu beantworten. Doch scheint es, da die Gruppe von 13.32 bis 15.00 Uhr Zeit hat, dorthin zu gelangen, vernünftig, daß genügend Zeit bleibt, um es zu schaffen. Wie ein Teilnehmer kommentierte: „Nur ein Idiot würde eine Besprechung für einen Zeitpunkt anberaumen, den die Teilnehmer nicht einhalten können."

(5) Wann soll die Konferenz beginnen?

Viele gaben die richtige Antwort: 15.00 Uhr. Das war eine der am häufigsten richtig beantworteten Fragen.

(6) Wer ist die ranghöchste Person, die erwähnt wurde?

Auch hier gibt es nicht genügend Informationen, um dies zu beantworten. Viele nahmen an, daß Herr Murphy, der über den Zusammenschluß mitentscheiden soll, die ranghöchste Person sein müsse. Das ist möglich, aber die richtige Antwort müßte lauten: Es sind nicht genügend Informationen vorhanden, um die Frage eindeutig zu beantworten.

(7) Schließlich: Was soll auf der Konferenz entschieden werden?

Diese Antwort wird natürlich im Text nicht gegeben. Viele nahmen an, daß die Besprechung anberaumt worden war, um zu entscheiden, ob eine Fusion stattfinden soll, aber das wurde in der Anweisung nicht gesagt. Die Aussage: „Im Anschluß an diese Konferenz wird Herr Murphy entscheiden, ob weitere ernsthafte Gespräche über die Fusion geführt werden sollen", scheint anzudeuten, daß die Konferenz etwas mit der Fusion zu tun hat. Dies ist nur richtig, wenn man darüber hinaus klar macht, daß das, was auf der Konferenz beschlossen werden soll, nicht genannt wird.

Bei den Fragen zum persönlichen Zuhörprofil scheinen einige Ergebnisse Anlaß zu ernsthaftem Zweifel an der Denkweise der Zuhörer zu geben. Wenn man Tausende von Eigenbeurteilungen betrachtet, wird deutlich, daß die meisten Menschen glauben, ihre besten Freunde würden sie am höchsten beurteilen, deutlich wird ebenso, daß sie selbst in der Regel ihre besten Freunde sehr hoch einstufen. Wenn man die Liste weiter verfolgt, erkennt man, daß Personen, die den Test mehrfach machen, glauben, ihre Vorgesetzten würden sie höher einstufen als sie sich selbst. Das kann stimmen, denn wir alle neigen dazu, besser zuzuhören, wenn es um unsere Arbeit geht. Bei der Beurteilung unserer Vorgesetzten haben wir jedoch manchmal das Gefühl, daß sie uns nicht sorgfältig genug zuhören, auch wenn wir sie im allgemeinen auf unserer vergleichenden Zuhörskala recht hoch einstufen. Wir neigen weiterhin dazu, unsere Kollegen und Mitarbeiter ungefähr genauso gut einzuschätzen wie uns selbst – d.h. mit dem Wert 55% –, obwohl die meisten Klagen offenbar von Vorgesetzten handeln, die sich weigern, auf gute Vorschläge einzugehen, und von Mitarbeitern, die Instruktionen nicht befolgen wollen.

Die Beurteilung der wichtigsten Person auf der Liste, nämlich der Ehefrau, ist schockierend. Die meisten der Probanden waren Personen mittleren Alters und schon seit Jahren verheiratet. Es handelte sich um Akademiker, Geschäftsleute und Führungskräfte, und sie waren wirklich aufrichtig. Sie schätzten ihre Zuhörfähigkeit bezüglich ihres Ehegatten als sehr niedrig ein, und viele von ihnen bewerteten die Fähigkeit ihres Ehegatten, ihnen zuzuhören, genauso niedrig. Je länger sie verheiratet waren, um so niedriger war der Wert. Hört in der engstmöglichen Beziehung, die ein Menschen eingehen kann, überhaupt noch jemand zu?

3.3 Verständnistest

Sie haben genau drei Minuten Zeit, um den Test auf S. 83 zu machen. Es kommt in erster Linie auf Logik und die Fähigkeit, Anweisungen zu befolgen, an. Lesen Sie, bevor Sie anfangen, alle Aufgaben sorgfältig durch. Gehen Sie beim Ausfüllen *nicht* auf bereits beantwortete Fragen zurück und verändern Sie *nicht* Ihre bereits gegebenen Antworten! Kreuzen Sie Ihre Antworten auf dieser Buchseite an, um eine Aufzeichnung zu haben, auf die Sie später zurückgreifen können.

Diesen einfachen, auf Zeit ausgerichteten Verständnistest machte der Kommunikationsexperte Jud Morris mit seinen Zuhörern. Jud Morris hat über 25 Jahre hinweg Tausende von Situationen untersucht, die zu Mißverständnissen, Verwirrung und Fehlentscheidungen führten. Dies ist einer der Tests, die er nach seinen audiovisuellen Präsentationen über die Kunst des Zuhörens durchführte. Probieren Sie den Test selbst aus. Morris druckte diesen Test auch in seinem vor einigen Jahren erschienenen Buch „Die Kunst des Zuhörens" ab. Er zieht folgende Schlußfolgerung aus seinen Erfahrungen:

> „Es ist schwierig, schriftlich etwas über das Thema Zuhören zu äußern. Der Test ähnelt dem, den ich bereits Hunderten von Managern, Ingenieuren und Technikern vorgelegt habe, bevor ich eine audio-visuelle Präsentation über ‚Die Kunst des Zuhörens' machte. Auf dem Testbogen, den ich meinen Zuhörern aushändige, sind keine gedruckten Anweisungen. Ich lese

Tabelle 2: Verständnistest

		Richtig	Falsch
1.	In skandinavischen Ländern ist der 4. Juli kein Feiertag.	☐	☐
2.	Es ist verboten, daß sich ein Bewohner des Vatikanstaats an einem Sonntag beerdigen läßt.	☐	☐
3.	In manchen Ländern gilt es als unhöflich, ein Bild von einem Mann mit einem Holzbein zu machen.	☐	☐
4.	Es gibt eine Insel im Südpazifik, auf der es verboten ist, daß ein Mann die Schwester seiner Witwe heiratet.	☐	☐
5.	Es ist weniger schmerzhaft, von einem Hai als von einem Piranha gebissen zu werden.	☐	☐
9.	Sehr wenige Leute wissen, wie der Präsident der Vereinigten Staaten im Jahr 1927 hieß.	☐	☐
10.	Der männliche Durchschnittsbürger von Neu Guinea hat weniger Geburtstage als der weibliche Durchschnittsbürger.	☐	☐
11.	Es gibt eine genaue Grenze, wieweit man im Wald ohne Jagdschein gehen darf.	☐	☐
12.	Die Anweisungen besagen, daß Sie alle Fragen lesen sollen, bevor Sie anfangen. Beantworten Sie die obigen Fragen nicht. Es wäre eine Schande, ein so schönes Buch zu verunzieren.	☐	☐

ihnen die Instruktionen der vorhergehenden Seite vor – sehr sorgfältig und deutlich, aber nur einmal. Von den Hunderten von hochqualifizierten Leuten, die den Test gemacht haben, folgte nicht mehr als ein halbes Dutzend genau der Anweisung, d.h. alle Fragen *vor* der Beantwortung durchzusehen und – nach dem Lesen von Frage 12 – keine einzige von ihnen zu beantworten! (Vermutlich würden wegen der oben erwähnten visuellen Orientierung mehr Personen den Test bestehen, wenn die Instruktionen gedruckt wären. Und doch werden viele Personen nach meiner Erfahrung die Instruktionen sogar in gedruckter Form nicht richtig verstehen). Falls Sie in Ihrem Buch Eintragungen vorgenommen haben, haben Sie den konkreten Beweis dafür, daß Sie ihre Aufnahmefähigkeit für konkrete Informationen verbessern müssen."

Derartige Tests zur Zuhörfähigkeit scheinen für die meisten Teilnehmer ein Schock zu sein. Denn gewöhnlich haben sie ihre Fähigkeit zuzuhören weder analysiert noch getestet, sondern nahmen wie die meisten Menschen an, daß sie die Fertigkeit zuzuhören einsetzen können, wenn sie gebraucht wird. Die Fragen, die sich nun stellen, sind: „Wie konnte ich all das überhören?" und „bin ich ein besonders schlechter Zuhörer, oder haben andere die gleichen Probleme?" Die Antwort auf die zweite Frage ist: „Das kommt häufig vor und ist nicht ungewöhnlich." Die Antwort auf die erste Frage ist komplizierter. Sie hat mit der Fähigkeit zuzuhören und mit dem *Kurzzeitgedächtnis* zu tun.

Kognitionspsychologen, d.h. Wissenschaftler, die die menschlichen Gehirnfunktionen untersuchen, haben herausgefunden, daß unser Kurzzeitgedächtnis, das temporäre Informationen verarbeitet, dieses Material nur kurz speichern kann – in einigen Experimenten nur 18 Sekunden lang –, bevor es vergessen wird, und daß es nur vier bis fünf Elemente gleichzeitig behalten kann. Meistens wird beim Zuhören das Gehörte an das Kurzzeitgedächtnis übertragen, auch wenn es sich später als wichtig für uns herausstellen mag. Der ungeübte Zuhörer, auch wenn es sich um eine hochqualifizierte Person handelt, die so intensiv wie nur möglich zuhört, verliert gewöhnlich unversehens die aufgenommene Information und ist nicht imstande, sie lange genug zu behalten, um sie angemessen zu verwerten. Immer wieder zeigten Tests der Zuhörfähigkeiten bei Hunderten von Studenten, Führungskräften und Akademikern, daß man im Durchschnitt nur etwa die Hälfte von dem vermeintlich Gehörten behält, ganz gleich, wie sorgfältig man versucht hat zuzuhören. Nach 48 Stunden kann sich die durchschnittliche Testperson nur noch an 25% des Gehörten erinnern, ein Prozentsatz also, der der Kategorie des schlechtesten Zuhörers entspricht. Die Fähigkeit, gut zuzuhören, umfaßt jedoch noch weit mehr als das Training des Kurzzeitgedächtnisses. Sie beinhaltet Vorgehensweisen, Haltungen und Gewohnheiten, die sich während des gesamten bisherigen Lebens entwickelt haben.

3.4 Zuhörgewohnheiten

Wir behandeln in diesem Buch natürlich auch die wichtigsten Vorgehensweisen, Haltungen und Techniken, die für einen guten Zuhörer notwendig sind. Doch zunächst besprechen wir *Einstellungen, die Ihre Zuhörfähigkeit beeinträchtigen könnten* und bitten Sie, in diesem Abschnitt der Selbsterkenntnis über das Zuhören sich der Erfahrungen bewußt zu werden, die Sie gemacht haben – im Guten wie im Schlechten.

Füllen Sie nun den Fragebogen (Tabelle 3) aus:

Zweck dieser Übung ist es, den Leser Einsicht gewinnen zu lassen darüber, wie stark er diesen Zuhörgewohnheiten verhaftet ist.

Auch hier ist es wieder wichtig zu erkennen, daß man nicht allem zuhören kann. Wir müssen zwangsläufig Personen, Ideen und Tatsachen auswählen, die uns liegen und haben es uns nicht vorzuwerfen, wenn wir uns mit anderen eben nicht anfreunden können. Doch bilden sich in diesem Selektionsprozeß Gewohnheiten heraus, die verhindern, daß wir Dinge hören, die für uns wichtig sind oder sein werden. Wir müssen daher flexibel bleiben und versuchen, gegen die Verhärtung unserer Gedankenwege anzukämpfen.

Dr. Steil erklärt einige dieser Verhärtungsangewohnheiten, indem er Ihnen den in Tabelle 3 gezeigten Test anbietet, mit dem Sie Ihre Flexibilität prüfen können. Wenn Ihr Punktwert hoch ist, sind Sie flexi-

Tabelle 3: Zuhörgewohnheiten

	Häufigkeit						
	fast immer	gewöhnlich	manchmal	selten	fast nie	Wert	
1) Das Thema uninteressant finden							
2) Kritik an der Vortragsweise des Sprechers üben							
3) Auf eine Äußerung des Sprechers überreagieren							
4) Ausschließlich auf die Fakten hören							
5) Einen Überblick über alles geben wollen							
6) Dem Sprecher gegenüber Aufmerksamkeit heucheln							
7) Sich ablenken lassen							
8) Schwierige Materien meiden							
9) Sich durch emotional gefärbte Worte zu persönlicher Ablehnung hinreißen lassen							
10) Den Vorteil, schneller zu denken als man spricht, vergeuden (tagräumen)							
						Gesamt:	

Erläuterung:	Fast immer	2 Punkte	Selten	8 Punkte
	Gewöhnlich	4 Punkte	Fast nie	10 Punkte
	Manchmal	6 Punkte		

bel; ist er niedrig, haben Sie Gewohnheiten entwickelt, die Sie daran hindern können zuzuhören, wenn dies für Sie wichtig wäre.

Gewinnen Sie Einsicht in Ihr Zuhörverhalten: An wie viele der folgenden positiven und negativen Erfahrungen beim Zuhören können Sie sich erinnern?

In unseren Interviews mit bekannten Wissenschaftlern, Ingenieuren und Direktoren wurde uns von zahllosen Erfahrungen erzählt, bei denen die Betreffenden ihre Unfähigkeit zuzuhören überwanden oder von ihrer Fähigkeit zuzuhören profitiert haben. Bei der Einschätzung Ihrer Fähigkeit zuzuhören ist es vorteilhaft, wenn Sie sich an Gelegenheiten erinnern, bei denen Sie durch schlechtes Zuhören Nachteile in Kauf nehmen mußten oder durch gutes Zuhören gewannen. Tabelle 4 zeigt Elemente des Zuhörens, aus denen Sie Ihre Erinnerung rekonstruieren können. Sammeln Sie diese Erinnerungen. Sie können mehr dazu beitragen, frühere Fehler nicht mehr zu wiederholen bzw. gute Zuhörgewohnheiten zu verfestigen, als es alle Berichte über die Erfahrung anderer tun.

3.5 Anwendung des WIBR-Modells zur Selbstanalyse

Nach diesen Tests mag es für Sie lehrreich sein, eine Analyse ihrer Stärken und Schwächen als Zuhörer zu machen, indem Sie das WIBR-Modell anwenden.

Erstens: Versagen Sie vielleicht bereits auf der ersten Stufe, der des Wahrnehmens, des reinen Hörens?

Tabelle 4: Sammeln der eigenen Erfahrungen

Erlebnisse, bei denen Sie Nachteile hatten, weil Sie...	Erlebnisse, bei denen Sie Vorteile hatten, weil Sie...
kein Interesse zeigten	echtes Interesse zeigten
falsche Schlußfolgerungen zogen	Geduld zeigten
den springenden Punkt verpaßten	trotz der Art und Weise, wie der Sprecher den Stoff vortrug, erkannten, worauf es ankam
emotional reagierten	sich jeder Reaktion auf unkonstruktive Kritik enthielten
nicht *hörten,* was gesagt wurde	etwas aufnahmen, was ganz beiläufig gesagt wurde
nicht *verstanden,* was gesagt wurde	eine verwirrende Information richtig interpretierten
nicht richtig *beurteilten,* was gesagt wurde	den richtigen Schluß zogen aus dem, was wirklich gewollt war, aus dem Kern der Sache
nicht richtig *reagierten* auf das Gesagte	umgehend und angemessen reagierten, im Vergleich zu anderen, die mit ihren Antworten zu langsam waren oder falsch reagierten.

Gehören Sie zu denen, die durch ihre Konzentrationsfähigkeit alle Nachrichten ausblenden können, außer jenen, die Sie interessieren? Welche Wirkungen hat dieses Versagen auf der ersten Stufe nach Ihren Erfahrungen auf Ihr Leben, Ihre Beziehungen zu anderen, auf Ihre Karriere?

Zweitens: Interpretieren Sie richtig, was Sie gehört haben? Verstehen Sie die Nachricht nur wörtlich oder auch die Absicht, den Zweck dahinter? Wir zeigen im nächsten Kapitel, wie der Zweck die Bedeutung einer Nachricht und die Art, wie sie interpretiert werden sollte, beeinträchtigt.

Drittens: Bewerten Sie die Bedeutung des Gehörten derart, daß sie sich zwar auf Wichtiges konzentrieren, aber gleichzeitig auf Informationen achten, die für Sie unerwartet wertvoll sein können?

Schließlich: Reagieren Sie angemessen? Ist die Person, die Sie anzusprechen versucht hat, zufrieden, da Sie ihr zugehört und sie verstanden haben und damit eine Beziehung aufgebaut worden ist? Auch wenn Sie verschiedener Meinung sind und nur darin übereinstimmen, daß Sie uneinig sind, oder Ihr Urteil zurückhalten, sollte Ihre Reaktion schließlich dazu führen, daß eine zufriedenstellende Beziehung aufgebaut wird.

4. Zuhören als Teil des Kommunikationsprozesses

Die menschliche Kommunikation und Sie als Empfänger · Unsere Bedürfnisse und Absichten bei der Kommunikation · Die verbindende Absicht · Die erläuternde Absicht · Die Absicht, zu informieren · Die Absicht, zu überzeugen · Die Absicht, zu unterhalten · Wie man andere zum Zuhören bewegt · Wie man die Masse erreicht

In diesem Kapitel wollen wir den Stellenwert betrachten, den das Zuhören insgesamt im Kommunikationsprozeß einnimmt. Wenn wir die menschliche Kommunikation untersuchen, erheben sich vom Standpunkt des Zuhörers aus drei fundamentale Fragen: Warum kommunizieren wir? Welchen Zwecken dient die Kommunikation? Was wissen wir wirklich über den Kommunikationsprozeß? Da der Mensch 80% seines wachen Lebens mit Kommunikation verbringt, muß sie – zusammen mit Nahrungsaufnahme, sexuellen Bedürfnissen und Schlaf – einen wesentlichen Teil unserer Natur ausmachen und einem bedeutenden Zweck in unserem Leben dienen. Und so ist es in der Tat.

Der Mensch ist ein geselliges Wesen, das alleine nicht überleben kann. Unsere Fähigkeit, uns mit Hilfe der Sprache zu verständigen, hat uns die Macht gegeben, komplexe, fruchtbare Beziehungen aufzubauen, die große Gemeinschaften hervorgebracht haben. Sie hat uns die Herrschaft über die Erde und vielleicht auch darüber hinaus verliehen. Sie hat uns befähigt, die Vergangenheit zu bewahren und – in gewissem Ausmaß – die Zukunft zu gestalten. Die Sprache ist *ein* Aspekt dieser Macht – Zuhören und Verstehen die anderen. Vorausgesetzt nun, daß die Fähigkeit, durch Symbole zu kommunizieren, unserer Spezies die Herrschaft gegeben hat, welchen Zwecken dient sie im Alltag? Um zu verstehen, wie man gut zuhört, müssen wir die gemeinhin üblichen Funktionen der Kommunikation verstehen sowie die Rolle, die das Zuhören dabei spielt.

Man unterscheidet fünf Hauptgründe für Kommunikation: Den ersten kann man als „verbindend" bezeichnen – „small talk", um Beziehungen zu knüpfen; der zweite ist „läuternd" – emotionalen Druck ablassen, der sich aufgestaut hat; der dritte ist ohnehin bekannt – Austausch von Informationen; auch der vierte ist nicht neu: Überzeugung; und der fünfte: Unterhaltung. Wir wollen im folgenden jeden dieser Kommunikationstypen genauer untersuchen.

4.1 Die verbindende Absicht – Beziehungen knüpfen

Die meisten Menschen meinen, das Hauptziel von Kommunikation sei Information oder Überzeugung, Austausch von Wissen. Und obwohl wir nur eine vage Vorstellung von weiteren Zwecken haben, messen wir ihnen im allgemeinen nur einen geringen Wert zu. Dies gilt für die menschliche Kommunikation schlechthin, die man als verbindliches Sprechen bezeichnen kann, als *Geplauder* oder Zeitüberbrücken. Der Ausdruck „verbindend" meint also „small talk", um dauerhafte Beziehungen aufzubauen oder um ein Klima von Geselligkeit herzustellen. Verbindende Sprache – „Guten Tag" sagen, Bemerkungen über das Wetter machen, sich nach dem Wohlergehen erkundigen, fragen, wie es so geht, etc. – wird oft als trivial bzw. Zeitverschwendung betrachtet. Wie falsch man mit dieser Sicht liegt, zeigt sich, wenn wir das Bedürfnis nach dieser Art der Kommunikation überhaupt wahrnehmen, d.h. – wenn sie richtig angewandt wird – in ihrer Wirkung sowie mit den schlimmen Folgen, wenn man sie völlig ignoriert.

Das Hauptanliegen verbindender Kommunikation ist es, eine Beziehung zu der Person herzustellen, mit der Sie kommunizieren, und Sie werden herausfinden – was viele von uns bereits wissen –, daß ohne eine solche Beziehung die Verständigung schwierig und manchmal unbefriedigend verläuft. „Wir haben insgesamt sechs Jahre lang zusammen gearbeitet, aber ich lernte ihn nie richtig kennen", sagte ein technischer Leiter über einen seiner Ingenieure. „Für mich ist es sehr schwierig, mit ihm zu reden." Oder: „Er ist ein Fisch. Ich schätze sein Können, aber zusammenarbeiten möchte ich lieber nicht mit ihm." Oder: „Ich komme einfach nicht an ihn heran. Er beachtet uns nur, wenn er etwas will." All dies sind Hinweise auf ernsthaftes Versagen auf dem Gebiet der verbindenden Kommunikation, wo keine Beziehung auf der menschlichen Ebene aufgebaut und keine Bindung oder Gemeinsamkeit erreicht worden ist. Dadurch wird die Kommunikation auf jeder Ebene erschwert. Kommunikation erfordert aber die Bildung von Beziehungen, d.h. daß man Menschen zuallererst als Menschen behandelt. Verbindende Kommunikation trägt dem Rechnung, daher muß man sie im Rang vor jeden anderen Zweck einordnen, wenn wirkungsvolle Kommunikation stattfinden soll. Auf unserem Gebiet ist der schmallippige, objektive Akademikertyp, der Geplauder und Liebenswürdigkeit als Zeitverschwendung betrachtet, manchmal überrascht von seiner Unfähigkeit, ganz offensichtlich wertvolle Kommunikation, auch wenn sie klar und präzise vorgetragen wird, an den Mann zu bringen. Die Wahrheit ist, daß es ohne einen Beziehungshintergrund schwierig ist, mit anderen Arten der Kommunikation erfolgreich zu sein. Andererseits ist es so, daß wir alle gelegentlich Kollegen kennenlernen, die Zeitverschwender sind, die ihre meiste Zeit mit verbindender Kommunikation verbringen, die erzählen, was morgens alles passiert ist, den Traum erklären, den sie vorige Nacht geträumt haben, die von ihrer Schwiegermutter erzählen und die selten einen eigentlichen Grund haben, wenn sie einen im Büro aufsuchen. Da gibt es Verkäufer, die uns endlos Witze erzählen, bevor sie eine inhaltliche Aussage machen. Trotzdem sind Beziehungen die Grundlage der Kommunikation, und weder Zuhörer noch Sprecher sollten sie abwerten.

Auf dem Gebiet der Psychologie hat Dr. Eric Berne ein Schema zur Analyse menschlicher Beziehungen entwickelt, das man als Transaktionsanalyse bezeichnet. Sie fand schon vor einigen Jahren weite Verbreitung und hat sich als äußerst hilfreich erwiesen, wenn man die Bedeutung erfassen will, *wie* wir unsere Beziehungen zueinander gestalten. Er definierte menschliche Beziehungen als eine Serie von *Transaktionen*, die er Ich-Zustände nannte, in denen wir einander als Eltern, Erwachsener und Kind gegenüberstehen. In jedem Augenblick, so postulierte er, handeln wir in einem dieser Ich-Zustände. Sie bergen die gesamte Summe unserer emotionalen und verstandesmäßigen Erfahrungen: Als Elternteil mit allen autoritären Aspekten, als Kind, das Hilfe und Nahrung braucht, und als Erwachsener, der sein Gegenüber als gleichberechtigt betrachtet.

In der verbindenden Kommunikation bilden sich diese Beziehungen meistens sofort, wenn man die entsprechende Sprache benutzt. Auf der Ebene des Eltern-Ichs neigen wir dazu, das Gegenüber in der gleichen Art zu behandeln, wie unsere Eltern uns behandelt haben. Unbewußt eifern wir dem Verhalten unserer Eltern nach. Auf der Ebene des Kinder-Ichs sind wir fordernd; wir erwarten, auf fürsorgliche oder unterstützende Weise behandelt zu werden, so wie unsere Eltern uns als Kind behandelt haben.

Im Erwachsenen-Ich sind wir offenbar frei, uns dem anderen von gleich zu gleich zu nähern und ihn auch so zu behandeln und damit eine wirklich gleichberechtigte, offene Beziehung aufzubauen, die wohl allen beruflichen Situationen standhält. Wenn wir die Arten der Beziehungen verstehen, die man mit Hilfe der verbindenden Kommunikation aufbauen kann, können wir auch besser verstehen, wie man mit anderen Menschen kommuniziert. Wenn wir verstehen, wer sie sind, woher sie kommen und wie sie uns begegnen möchten, können wir besser verstehen, wie wir ihnen zuhören müssen – wie wir ihnen gegenüber wahrnehmen, interpretieren, bewerten und reagieren sollen –, und dann werden wir die Bedeutung der verbindenden Form nicht länger unterschätzen, die der Aufbau einer lebensfähigen Beziehung hat.

Einer der interessantesten Aspekte aus Dr. Bernes Transaktionsanalyse ist das Studium der vielen verschiedenen pathologischen Spielarten, mit denen wir einander in engeren Beziehungen begegnen. Sein Buch „Die Spiele der Erwachsenen" gibt auf populäre Weise einen Abriß von einigen jener verdrehten Beziehungen, die vor allem durch die verbindende Kommunikation entstanden sind und die immer wieder entstehen, bis die Betroffenen sie analysieren und ihr Handeln endlich verstehen lernen. Er hat einigen dieser „Spiele" populäre Namen gegeben, die ihre zwanghafte Natur enthüllen. Auf dem Fachgebiet der Naturwissenschaft und Technik sehen wir beispielsweise den schlampigen Ingenieur, der nie ein lockeres Gespräch anfängt oder „Zeit vergeudet" mit gesellschaftlichen Liebenswürdigkeiten, eine nicht seltene Situation, in der keinerlei Annäherung auf der menschlichen Ebene entsteht. So kann das, was der Ingenieur vielleicht anzubieten hätte, nicht wirksam kommuniziert werden.

In einem Artikel von Peter Drucker über den wirtschaftlichen Erfolg Japans in der Harvard Business Review sind einige interessante Absätze über dieses Thema enthalten unter dem Titel „Wissen, wie man sitzt“:

„Sehr wenige Vorstandsvorsitzende von japanischen Unternehmen haben Zeit übrig für die Führung ihrer Unternehmen. Sie verbringen ihre gesamte Zeit mit der Pflege von Beziehungen, sogar die Zeit, die sie für interne Angelegenheiten ihres Unternehmens aufwenden. Sie halten die Dinge unter Kontrolle, indem sie Personalentscheidungen innerhalb der oberen Führungsebenen sorgfältige Beachtung schenken und indem sie penible Finanz- und Plandaten verlangen. Aber sie ‚managen‘ nicht – das wird unteren Ebenen überlassen. Die Männer an der Spitze verbringen ihre Zeit mit Sitzen, dem Nippen von grünem Tee, mit Zuhören, sie stellen ein paar Fragen, sitzen wieder ein bißchen, trinken wieder ein bißchen grünen Tee, stellen noch ein paar Fragen. Sie sitzen mit Vertretern aus ihrer Branche zusammen, mit Lieferanten, Händlern, mit Managern von Tochtergesellschaften. Sie sitzen mit Spitzenleuten aus anderen Gesellschaften ihres Konzerns zusammen – so zum Beispiel bei den berühmten fünfstündigen Mittagessen, zu denen die Präsidenten aller Gesellschaften des Mitsubishi-Konzerns einmal wöchentlich zusammenkommen. Sie sitzen mit Bankenvertretern zusammen, mit leitenden Beamten der verschiedenen Ministerien und mit Kollegen aus ihrem eigenen Unternehmen in Ginzabars bei Parties nach Betriebsschluß. Sie sitzen in einem halben Dutzend Wirtschaftsverbänden. Sie sitzen und sitzen und sitzen.

Bei all dem sprechen sie nicht notwendigerweise vom Geschäft, schon gar nicht vom eigenen. Vertretern der westlichen Hemisphäre erscheint ihre Konversation sogar oft ziellos. Sie greift weit aus, zumindest scheint es so, bewegt sich vom Feld der Wirtschaftspolitik zu persönlichen Belangen, von den Fragen und Problemen eines Teilnehmers bis zu Tagesthemen, von Zukunftserwartungen zur erneuten Beurteilung der Vergangenheit. Ihr Ziel ist natürlich nicht, Probleme zu lösen, sondern gegenseitiges Verständnis zu wecken. Wenn es ein Problem gibt, weiß man, wohin man gehen muß. Man weiß, was der andere und die Institutionen, die er vertritt, erwarten, was sie tun können und werden und was nicht. Kommt es zu einer Krise oder ergibt sich eine günstige Gelegenheit, dann sind aber diese bewegungslos Sitzenden fähig, mit erstaunlicher Schnelligkeit, Entschlossenheit und manchmal Rücksichtslosigkeit zu handeln – denn der Grund für all das Sitzen ist nicht gegenseitiges Sich-Mögen, Übereinstimmung oder Vertrauen. Es soll vielmehr das Verständnis dafür wecken, warum man sich nicht mag, nicht gleicher Meinung ist, einander nicht vertraut."

Obwohl viele von uns instinktiv versuchen, mit Hilfe der Kommunikation Beziehungen herzustellen, scheinen gerade viele Naturwissenschaftler und Techniker diese Form der Kommunikation abzuwerten. Zugegeben, natürlich gibt es viele, die hier zuviel des Guten tun, wie der „liebe Kollege", der soviel Zeit mit verbindender Kommunikation verbringt, daß er nie zu seiner Arbeit kommt. Aber im allgemeinen ist die Zeit, die zum Aufbau einer Beziehung verwendet wird, für wirksame Kommunikation unbedingt notwendig.

4.2 Die läuternde Absicht – Gefühlen Luft machen

Vor mehr als 3000 Jahren schrieb Ptahhotep, ein ägyptischer Pharao:

> „Ein Beamter, der den Gesuchen seiner Bürger Gehör schenken muß, sollte geduldig und ohne Groll zuhören, weil es den Bittsteller in erster Linie nach Aufmerksamkeit für das, was er sagt, verlangt, mehr noch als nach der Bewilligung des Geforderten."

Wir zitieren dies hier, weil es eines der Grundbedürfnisse ausdrückt, die ein guter Zuhörer befriedigen muß. Das Zitat verdeutlicht einen zweiten Hauptgrund für menschliche Kommunikation, deren Bedeutung ebenfalls, wie im Fall der verbindenden Kommunikation, oft unterschätzt wird: das Bedürfnis, Gefühlen Luft zu machen. Wir nennen dies die läuternde Form der Kommunikation, die für den Menschen von genauso grundlegender Bedeutung ist wie die anderen Kommunikationsarten.

Fast jeder hat das Bedürfnis, seine Spannungen ab und zu auf diese Weise abzubauen. Hier kann die Rolle des Zuhörers von äußerster Wichtigkeit sein. Ein wenig einfühlsamer Zuhörer kann in dieser Situation leicht eine wertvolle Beziehung zerstören, sogar eine Freundschaft. Wenn uns unser Instinkt im Stich läßt, müssen wir unser Wissen über die Zwecke der Kommunikation anwenden, insbesondere dann, wenn wir einflußreiche Stellungen innehaben oder in Situationen, die unsere Karriere beeinflussen können. Betrachten wir die Aussage des Vorstandsvorsitzenden eines der größten Unternehmen der Welt (eines Unternehmens, das im Verzeichnis der Zeitschrift Fortune unter den 100 Größten genannt ist). Wir interviewten ihn im Zusammenhang mit einem Buch mit dem Titel „Das Leben von Spitzenmanagern". Die Beschreibung seines Wegs nach oben enthält die folgende Geschichte:

> „Man hatte mich als Produktionsingenieur zu einer Fabrik in einer öden Gegend geschickt, wo man in jenen Depressionsjahren wenig mehr tun konnte, als lange zu arbeiten. Einer meiner ersten Chefs, die ich in diesem Betrieb hatte, war ein großer, dicker, cholerischer Ire. Jeder kannte und fürchtete ihn, und als ich ihm zugeteilt wurde, wußte ich, daß ich würde lernen müssen, mit diesem Sonderling zu leben. Er pflegte bei den kleinsten Herausforderungen in die Luft zu gehen. Er ging oft zum Fließband und fand immer irgendetwas, was nicht in Ordnung war, einen verzögerten Auftrag oder sonst etwas, was nicht so war, wie er glaubte, daß es hätte sein sollen. Er pflegte dann, ohne nach den Ursachen zu forschen oder auf Erklärungen zu hören, seinen Chefassistenten herbeizuzitieren – mich – und anzufangen zu brüllen. Es hatte keinen Zweck, ihm die Gründe für die Abweichung erklären zu wollen, auch wenn es eine recht simple Erklärung gegeben hätte oder eine vernünftige Begründung vorlag. Er brüllte die angefangene Begründung einfach nieder.
>
> Zum Glück entwickelte ich eine Methode, wie mit diesem Mann zurechtzukommen war, und schließlich mochte er mich und vertraute mir. Die Methode war recht einfach. Wenn er mich hereinrief und mit seiner Tirade anfing, setzte ich mich hin, nahm Notizbuch

und Bleistift in die Hand und notierte, was er sagte, oder das Problem, um das es ging, und sagte gar nichts. Ich hörte nur zu, und nach kurzer Zeit hatte er seinen Dampf abgelassen und sich beruhigt. Ich pflegte dann zu sagen: ‚Ich gehe nun, um herauszufinden, was passiert ist, und komme wieder, um Ihnen Bericht zu erstatten.‘ Das tat ich dann auch und schaffte Abhilfe. Wenn ich ihn später darüber informierte, hatte er die Sache gewöhnlich schon vergessen, oder er sagte: ‚O.K.‘ oder: ‚Hauptsache, das ist nun geregelt‘, oder: ‚Vergessen Sie es, es war nicht so wichtig.‘ Der springende Punkt war, daß er, wenn er aufgebracht war, jemanden brauchte, der ihm zuhörte. Er war sehr empfindlich für Druck und explodierte, wenn irgendetwas schiefzulaufen drohte. So lernte ich eine wertvolle Lektion. Ich begriff, wie wichtig es ist, nicht nur zu verstehen, was gesprochen wird, sondern auch die Person dahinter.

Das Herausziehen meines Notizbuches und mein Schreiben und Zuhören war es, was ihn beruhigte. Hätte ich versucht, mit ihm zu streiten oder ihn auf die Unvernunft seiner Antworten aufmerksam zu machen, hätte ich nichts erreicht – außer vielleicht die Entlassung. So lernte ich, mit ihm zu leben, und er lernte, mich zu mögen. Später wurde er versetzt. Mit seinem Temperament war er weit gekommen; als er ging, schlug er mich als seinen Nachfolger vor.“

Wir alle brauchen manchmal jemanden, der uns zuhört!

Die meisten von uns sind nicht so vollständig an die Anforderungen der Umwelt angepaßt, daß sich nicht gelegentlich die normalen Belastungen des Lebens aufstauen, d.h. daß man seinen schlechten Tag hat.

Wenn auch die meisten von uns natürlich emotional nicht so ungeeignet für ihre Arbeit sind wie der eben beschriebene Werksleiter, müssen sie doch gelegentlich innere Spannungen abbauen. Diese Funktion von Kommunikation wird oft übersehen oder mißverstanden. Wir bringen es fertig, Freunden, Kollegen und anderen, trotz ernster Gesichter, umwölkter Augen und zusammengezogener Augenbrauen zuzurufen: „Hallo Charlie, wie geht's Dir?" Und dann bricht es aus Charlie heraus: „Alles ist schiefgegangen." Die Welt hat sich gegen ihn gestellt. Der Himmel stürzt ein. Die Menschen verstehen ihn nicht. Seine Freunde und die ganze Umwelt sind verschworen, ihm sein Leben zu erschweren. Wenn Sie ein wirklicher Freund sind, wenn Sie den Zweck der *Katharsis* im Kommunikationsprozeß verstehen, dann werden Sie nicht ungeduldig oder ärgerlich oder mit unangebrachter Freundlichkeit reagieren. Sie hören ihm zu und lassen ihn seinen Kummer loswerden. Dann wird sich der Sturm in der Regel legen, und in manchen Fällen werden Sie einen Freund für das ganze Leben gewonnen haben.

Wie Dr. Elton Mayo von der Harvard-Universität sagte:

> „Ein Freund, eine wirklich verständnisvolle Person, die die Mühe auf sich nimmt, wirklich zuzuhören, wenn wir über unsere Probleme reden, kann unser ganzes Weltbild ändern."

4.3 Die Absicht, zu informieren

Von den allgemein akzeptierten Zwecken der Kommunikation gilt der Zweck der Information als vorrangig. Er stellt *die* Kommunikationsfertigkeit dar, auf der unser ganzes Bildungssystem ruht. Informieren ist die Fertigkeit, der wir Wissen und Macht verdanken und deren Effizienz doch so sehr von unserer Fähigkeit zuzuhören abhängt.

Information heute – ihre Entwicklung und Produktion, ihre Verpackung und Übertragung – ist unsere größte und am schnellsten wachsende Branche. Wir leben in einer Informationsgesellschaft. Wir geben mehr für Ausbildung und Information aus als für jedes andere Produkt oder jede andere Dienstleistung unserer Wirtschaft. Die Sammlung von Daten und ihre Verarbeitung zu Information und schließlich zu Wissen steht im Mittelpunkt unserer Wirtschaft und unserer ganzen Zivilisation. Als Zuhörer werden wir nun mit einem großen Problem konfrontiert, dem Informationsüberfluß.

Es sieht so aus, als konzentrierten wir uns vor allem auf unsere Fähigkeit, diese Fülle noch zu vergrößern – auf die Fähigkeit, zu sprechen, unsere Gedanken zu ordnen und sie sprachlich klar und logisch auszudrücken, kurz: das, was wir anzubieten haben, auch zu sagen. Wie Dr. Art Kotz (Vorstandsmitglied des 3M-Konzerns) bemerkte, als wir uns über die Kommunikation in der technisch-naturwissenschaftlichen Welt unterhielten: „Es gibt eine Tendenz, alles mitteilen zu wollen, was wir wissen.“ Dies wird noch verstärkt durch den kontinuierlichen Fluß von Information, der unseren leistungsfähigen audiovisuellen Anlagen entströmt, einschließlich des Fernsehens, das sein Angebot mittlerweile verzehnfacht hat. Es stellt sich die Frage, welche Wirkung dies auf uns als Zuhörer hat.

Die perfekte Verpackung und Darbietung von Information zu kommerziellen, Unterhaltungs- und Bildungszwecken scheint den Aspekt der Bewertung beim Zuhören besonders zu betonen. Sie hat gleichzeitig unsere Fähigkeit zuzuhören erheblich verringert, weil die „Lärmkomponente" des Zuhörens, d.h. die Information, die für uns persönlich ohne Bedeutung ist, enorm gestiegen ist und wir permanent das, was wir als irrelevant betrachten, ausblenden. Das birgt natürlich auch Gefahren. Es verstärkt die Angewohnheit, nicht zuzuhören. Es erzwingt den Gebrauch stärkerer Mittel, um Information und Wissen an den Mann zu bringen. Bei der Armee gibt es ein altes Sprichwort: „Man erinnert sich an 10% des Gehörten, an 50% des Gesehenen und an 90% des Getanen." Jeder Lehrer wird dies bestätigen können. Dieser Umstand scheint es für Lehrer immer notwendiger gemacht zu haben, sowohl unterhaltend als auch überzeugend zu sein und umgekehrt den Schüler und Lehrling von der Pflicht zu Neugier, Eifer und Aufmerksamkeit befreit zu haben.

Obwohl wir in einer so komplexen Welt leben, in der jeder von uns von Zeit zu Zeit unter Informationsüberfluß leidet, leiden wir ebenso unter Informationsmangel – unter dem Bedürfnis, mehr zu wissen, als man tatsächlich weiß, um jeden Tag neu bewältigen zu können. Wir müssen immer mehr Zeit damit verbringen, uns das Wisen und die Informationen zu beschaffen, um unser Leben so zu gestalten, wie wir es wünschen. Deswegen müssen wir lernen, wie man zuhört. Wir müssen lernen, wie man die Fähigkeit zuzuhören am Leben erhält, müssen verhindern, daß neue Ideen, Trends, Moden, Bewegungen oder Denkweisen ausgeschlossen werden. Wenn wir auch keine Informationssüchtigen werden sollen, die täglich vier Stunden lang vor dem Fernsehgerät sitzen und die Nachrichten ansehen, so sollten wir doch auf dem laufenden bleiben über das, was auf unserem Fachgebiet geschieht. Das Lebensschiff fährt weiter, und wer dabei sein möchte, muß seinen Verstand wach halten.

4.4 Die Absicht, zu überzeugen

Als Zuhörer in einer Konsumgesellschaft sind wir kommerzieller Kommunikation in enormem Ausmaß ausgesetzt, Information, deren Zweck es ist, uns zum Kaufen, Verbrauchen und Konsumieren zu verführen. Wir wiederum versuchen, andere von unseren eigenen Interessen zu überzeugen. Wir sind also unser ganzes Leben lang einerseits Objekt von Überredungskünsten, und andererseits versuchen wir alle, die Kunst der Überredung selbst anzuwenden.

Wie man den anderen dazu bringt zuzuhören, werden wir später besprechen. Im folgenden wollen wir uns zunächst mit dem Überzeugen aus der Perspektive des Zuhörers befassen.

In unserer Marktwirtschaft ist das Kreuzfeuer der auf uns als Konsumenten gerichteten Kommunikation so mächtig, einfallsreich und allumfassend geworden, daß viele Soziologen zu der Meinung gelangt sind, unsere heutige Gesellschaft werde von diesem Phänomen beherrscht und dadurch manipuliert. Zum Glück ist dies nicht der Fall. So fesselnd die Idee ist, daß wir nur die Sklaven unserer Apparate und Produkte seien, daß Werbung und Marketingstrategien uns zu materialistischen Robotern degradiert haben, deren Lebenszweck es ist, die hohe Produktivität unserer Wirtschaft durch ausreichenden Konsum aufrechtzuerhalten, so gibt es doch bei uns als Zuhörern eine hohe Selektivität. Mit einigen bemerkenswerten Ausnahmen müssen die meisten Produkte und Dienstleistungen von besserer Qualität, höherem Gebrauchswert und mehr Sicherheit sein, um von uns akzeptiert zu werden, unabhängig von den Überzeugungskünsten des kommunikativen Waffenarsenals.

Mit Widerständen gegen das Warenüberangebot geht die Abneigung der Öffentlichkeit gegen die Sprache, mit der diese Produkte vermarktet werden, einher. Die meisten Menschen unserer Gesellschaft sind abgehärtet gegen das andauernde, unerbittliche Trommelfeuer von Werbung, Verkaufsförderung und Reklame. Wir hören den aufreizenden Werbespots nicht mehr zu und reagieren ärgerlich und ablehnend auf die zu aufdringlichen, überlangen und geschmacklosen Spots. Der empörte Fernsehzuschauer, der eine Liste von Produkten zusammenstellt, die er unter keinen Umständen kaufen wird, weil sie in beleidigender Weise angepriesen werden, ist ein Symptom für diese Reaktion. Solch verfeinerte Verhaltensweisen der Konsumenten werden zunehmen.

Bei den subtileren und notwendigeren Formen der Überredung wird unsere Fähigkeit, sorgfältig zuzuhören, um das Gesagte zu verstehen, für unser eigenes Konzept der Überredungskunst wichtig. Nur wenn man den Zweck der Kommunikation kennt, weiß man, wie man die eigenen Ideen, Gedanken und Pläne am besten an den Mann bringt. Diese Kenntnis setzt uns in den Stand, die Umstände zu verstehen, in deren Rahmen wir unsere Ideen präsentieren können. Wir werden dann auch keine fruchtlosen oder eben manchmal kontraproduktiven Versuche machen, jemanden zu erreichen, der das Bedürfnis hat, seinen Spannungen und Enttäuschungen auf läuternde Art Ausdruck zu geben oder uns jemandem zu nähern, ohne zu versuchen, eine menschliche Beziehung zu ihm aufzubauen. Mit Sicherheit liegt der Kommunikationszweck der Überzeugung in der menschlichen Natur begründet. Die Rolle des Zuhörens ist für diesen Zweck von hoher Bedeutung.

Natürlich ist weithin bekannt, daß das Zuhören selbst als bloßes Werkzeug für die Überzeugung wichtig ist. Wer mit Hochdruck Produkte vermarktet, der aggressive Verkäufer oder der Verfechter von Projekten und neuen Ideen, ist in unserer komplexen

Welt wirkungslos, wenn er nicht zuhört, vor allem, wenn er die Punkte verpaßt, an die er zum Aufbau einer Beziehung zu seinem Gegenüber anknüpfen kann. Er gerät in Gefahr, Dinge vorzubringen, die sein Gegenüber als den eigenen Interessen entgegengesetzt empfindet.

Die vielen Einflüsse, die heute um die Aufmerksamkeit des beschäftigten Menschen konkurrieren, erfordern, daß wir sorgfältig zuhören, bevor wir unser Anliegen vortragen. Eine Zusammenfassung von Angaben, warum Menschen auf ihnen gemachte Vorschläge eingegangen seien, enthält u.a. die folgende Bemerkung:

> „Er erkannte, daß ich seinen Vorschlag problematisch fand und daß er mit Schwierigkeiten behaftet war, und ließ sich Hinweise geben, welche absehbaren Hindernisse aus dem Weg zu räumen waren."
>
> „Er beantwortete meine Fragen geduldig und verständig und schien zu verstehen, was wir ermittelten."
>
> „Er hörte sorgfältig zu, welche Schwierigkeiten damit verbunden waren, und versuchte nicht auszuweichen oder meine Befürchtungen oder Vorbehalte herunterzuspielen. Als ich ihm bestimmte Dinge erklärte, erkannte ich, daß sich meine Vorbehalte erübrigten, wenn er die Durchführung bestimmter Änderungen gewährleisten konnte."
>
> „Es stellte sich heraus, daß ich gern mit ihm zusammenarbeitete. Er war eine richtige ‚Schallmuschel', und bei einem so großen Projekt wie jenem brauchte ich wirklich jemanden, bei dem ich das alles ‚abladen' konnte. Ich brauchte jemanden, der intelligent zuhören konnte."

4.5 Die Absicht, zu unterhalten

Für den Zuhörer ist der unterhaltende Zweck der Kommunikation offensichtlich. Dieser Aspekt unseres Lebens ist enorm groß, vielfältig und notwendig. Er beinhaltet die meisten Elemente, die unser Menschsein ausmachen. Er reicht von Literatur und Kunst bis zu Sport und allen Formen des Humors. Die Stücke von Shakespeare und viele unvergängliche Werke wurden zur Unterhaltung ersonnen, und die Erlebnisse, die sie uns vermitteln – mag es sich nun um Lyrik, Dramen, Bücher, Filme oder Fernsehen handeln – scheinen für unser Leben wichtiger als alles, was wir vielleicht durch Lernen oder Information erfahren haben. Diejenigen von uns, die zu Arbeitssüchtigen geworden sind oder keine Zeit haben zu lesen, eine Show anzusehen, über Witze zu lachen oder Höflichkeiten mit anderen auszutauschen, haben sich von vielen der tiefsten Freuden und wichtigsten Erfahrungen des Lebens ausgeschlossen. Große Werke aber verlangen vom Zuhörer tiefes Wahrnehmen, tiefes Verstehen und profunde Bewertung, und sie rufen dementsprechend tiefere Reaktionen hervor als die meisten Formen der Kommunikation, die wir besprochen haben. Zusammenfassend kann man sagen, daß die Menschen aus folgenden fünf Hauptgründen kommunizieren:

1. um Beziehungen aufzubauen;
2. um emotionale Spannungen abzubauen;
3. um zu informieren;
4. um zu überzeugen;
5. um sich zu unterhalten.

Jede dieser grundlegenden Arten haben wir besprochen, und wir haben versucht darzulegen, daß es für den Zuhörer wichtig ist, bei ihnen gut zuzuhören und ihre Bedeutung zu verstehen. Intelligent und effizient auf die wirkliche Bedeutung einer Botschaft zu hören, erfordert grundlegendes Verständnis für die jeweils dahinterstehende Kommunikationsabsicht.

4.6 Wie man andere zum Zuhören bewegt

Die zweite wesentliche Frage, die sich zum Thema Kommunikation und der Rolle stellt, die der Zuhörer bei ihr spielt, ist: Was wissen wir eigentlich wirklich über Kommunikation, wie können wir das Zuhören erlernen, und wie bringen wir andere dazu, uns zuzuhören?

In den letzten Jahren wurden viele Forschungsarbeiten auf diesem Gebiet durchgeführt – theoretische und empirische Untersuchungen von Psychologen, Sozialpsychologen, Soziologen und Politikwissenschaftlern; Experimente, die mit den Namen Paul Lazarsfeld, Kurt Lewin, Harold Lasswell, Walter Hovland und ihren Kollegen und Nachfolgern verbunden sind. Eine kurze Zusammenfassung einiger ihrer Ergebnisse mag für den Leser nützlich sein. Man kann sie unter drei Gesichtspunkten erfassen: (1) Verständnis der Hauptbestandteile des Kommunikationsprozesses, (2) das Problem der Bedeutung und (3) die Theorie der Überzeugung.

Der Kommunikationsprozeß hat drei Hauptelemente: *Sender, Botschaft* und *Empfänger*. Jeder mit beiden Beinen im Leben stehende Mensch sollte etwas darüber wissen, welche Rolle diese drei Bausteine spielen, wenn es darum geht, Menschen zum Zuhören zu bringen.

Vor allem hat die Rolle des Senders oder der Quelle, wie man sich denken kann, eine hohe Bedeutung für die Glaubwürdigkeit und Gültigkeit jeder Botschaft. Dies hat für die Person, die zu anderen spricht, bestimmte Auswirkungen. Offensichtlich ist es für den Menschen schwer, sich selbst objektiv als Quelle oder Sender in diesem dreiteiligen Kommunikationsprozeß zu betrachten. Denn für sich selbst als Quelle scheint er völlige Glaubwürdigkeit zu besitzen. Er mag vielleicht manchmal die Fähigkeiten oder die Intelligenz des Empfängers anzweifeln oder sich Sorgen machen über die Übermittlungstechniken oder die Form seiner Botschaft, aber bezüglich seiner selbst als Quelle hat er kaum auch nur die leisesten Bedenken.

Es war Churchill, der sagte, daß es bei einer Rede am meisten darauf ankommt, wer man ist, dann, wie man es sagt, und schließlich darauf, was man sagt. Allen, die schon einmal herausragenden Langweilern zuhören mußten (nicht Sir Winston), scheint das nur allzu wahr – und gewöhnlich ist es zum Schaden der Kommunikation. Aber in diesem Ausspruch kommt ein Grundprinzip der menschlichen Natur zum Vorschein, und die Führungskraft, die will, daß andere ihr zuhören, muß sich zuerst als Quelle analysieren und darüber nachdenken, wie sie selbst als Sender die Bedeutung und Wirkung ihrer Nachricht beeinflußt. In der Praxis ist es oft besser, wenn eine Nachricht bestimmte Zuhörer als nicht von einem selbst stammend erreicht. Jeder Manager kennt die Erfahrung, darüber entscheiden zu müssen, wer eine Ankündigung vornehmen oder ein Projekt vorstellen soll, wie im Falle der Ingenieure, die die Früchte ihrer Forschungsarbeit als von der Konkurrenz stammend präsentierten.

In der Umgangssprache, beim Erteilen von Anweisungen und bei der Ausgabe von Richtlinien verzerrt oft die Art der Quelle in geradezu lächerlicher Weise Inhalt und Wirkung der Nachricht. Der Vorstandsvorsitzende eines großen Unternehmens macht sich beispielsweise in einer ruhigen Minute Gedanken darüber, ob es nicht angebracht wäre, das Firmen-Logo von seinem Notizblock zu entfernen. Ein paar Tage später stellt er schockiert fest, daß alle Firmenzeichen verschwunden sind, sogar die auf den Produkten selbst. Ein Vorstand bemerkt unter der Hand, daß ihm ein bestimmtes Foto in einer Anzeige nicht besonders gefällt, und in der Werbeagentur heißt es prompt: „Ab sofort keine Fotos mehr in unseren Anzeigen." Andererseits war schon mancher gleichermaßen betroffen, wenn eines seiner zutreffendsten Argumente zuerst von Gewerkschaftsfunktionären heruntergemacht wurde und er am nächsten Tag feststellte, daß man genau seinen Vorschlag enthusiastisch feiert, nachdem er von der Gewerkschaftsseite selbst vorgebracht worden ist. Trotz allem ist es überraschend, wie naiv viele Führungskräfte sind hinsichtlich ihrer eigenen Wirkung und des Hintergrunds, vor dem sie ihre Äußerungen tun, wenn es um die Reaktion des Zuhörers geht.

Weiterhin ist es für den Sender notwendig, daß er, soll die Nachricht akzeptiert werden, seine eigenen Vorurteile und Gefühle überprüft; denn es gibt bestimmte Nachrichten, deren Gültigkeit von bestimmten Quellen abhängt. Die ganz offensichtlich im eigenen Interesse geäußerte Nachricht kann kaum große Glaubwürdigkeit beanspruchen, und ein Manager, der durch seine Biographie Vorurteile wecken könnte, muß sich überlegen, wie er etwas so vorbringt, damit es ihm statt zum Nachteil zum Vorteil gereicht und die Gültigkeit seiner Botschaft unterstützt.

Soviel über die Bedeutung des Senders. Wir wollen uns nun dem zuwenden, was man über die Nachricht selbst und den Empfänger herausgefunden hat.

Die Weitergabe von Bedeutungen

Das Problem der Bedeutung ist alt und offenbar unlösbar. Die Semantik hat endlose erheiternde Rätsel ersonnen, um zu zeigen, wie leicht der Mensch Werturteile, Annahmen und Schlußfolgerungen mit Fakten verwechselt, wie eine Bedeutung durch den Wechsel des Kontextes verzerrt wird und wie achtlos wir Bedeutungen ändern, um sie Wünschen, Launen oder subjektiven Bedürfnissen anzupassen.

Ein Beispiel dafür gibt Professor Leon Festinger in seinen Experimenten über sog. „kognitive Dissonanzen". Er zeigt gewöhnliche Situationen, in denen eine Person ihre Meinung ändert oder eine Feststellung übertreibt, um dadurch den Streß abzubauen, der entstanden ist, weil sie inkonsistent zu ihren früheren Meinungen und Überzeugungen gehandelt hat. Doch weil wir mit all unseren menschlichen Unzulänglichkeiten im gleichen Boot sitzen, sehen wir voll Wohlwollen auf das Problem der Kommunikation übereinstimmender Meinungen. Auch hier besteht das Wunder nicht darin, daß Bedeutungsverluste zwischen Sender und Empfänger auftreten, sondern wie weit die Bedeutungen doch übereinstimmen und wie sehr wir imstande sind, einander zu erreichen. In der Bibel heißt es, „er formte sie gleichen Herzens". Dies drückt recht gut die einfache Basis unserer Fähigkeit, einander zu erreichen, aus. Es gibt einen „gemeinsamen Markt" der Bedeutungen, der in der Tatsache begründet liegt, daß wir alle über gleiche grundlegende biologische, emotionale und intentionale Reaktionen verfügen sowie über ein gemeinsames kulturelles Erbe. In den meisten Fällen brauchen wir nur in uns selbst zu blicken, um den anderen zu verstehen. Trotzdem kann man viel lernen, wenn man die drei Elemente der Kommunikation einzeln betrachtet und überprüft und so durch diese Untersuchung Erkenntnisse über das Element der Botschaft gewinnt, die von Interesse sind:

1. Unterschiede im Hindergrund, der Erfahrung und im Temperament von Sender und Empfänger verursachen gewöhnlich leichte, in einigen Fällen gravierende, Unterschiede in der Bedeutung einer Nachricht. Die Worte „Demokratie" und „Freiheit" haben in verschiedenen Kulturen höchst unterschiedliche Bedeutungen.

2. Botschaften haben wie Worte eine denotative, d. h. wörtliche, lexikalische, und eine konnotative, mitschwingende Bedeutung. Ein gebratenes Steak hat die Denotation eines Stücks verbrannter toter Kuh, aber seine Konnotation macht es attraktiv und wohlschmeckend, was rein denotativ nicht der Fall ist. Worte allein können ohne den entsprechenden Ton nicht die richtige Bedeutung vermitteln.

3. Nachrichten haben latente und wörtliche Bedeutungen. Der Ton einer Stimme kann die Bedeutung völlig verändern. Man denke nur an Sarkasmus und Ironie. Die meisten Botschaften enthalten eine bedeutungsvolle, gewöhnlich leicht faßbare Menge von latenten Bedeutungen.

4. Botschaften ändern ihre Bedeutung je nach Kontext.

5. Botschaften müssen, um akzeptiert zu werden, im Einklang sein mit Gruppennormen oder -werten, bzw. anhand dieser Normen getestet werden. Was der einen Gruppe Fleisch ist, kann der anderen Gift bedeuten. Unpopuläre Ideen (d. h. Ideen, die für die Gleichgestellten oder die Bezugsgruppe nicht akzeptabel sind) sind schwer anzubringen. Sie müssen irgendwie in den anerkannten Bezugsrahmen eingepaßt werden, zumindest teilweise.

6. Die Bedeutung ist oft der Sklave unserer unterbewußten und emotionalen Wünsche. Was jemand sagt, ist nicht immer das, was er meint. So beklagt sich beispielsweise jemand dauernd über seine Arbeit. Was er vielleicht meint, ist: „Ich komme

zu Hause nicht zurecht." Auch wenn diese Erkenntnisse wie Allgemeinplätze klingen mögen und vielleicht schon so bekannt sind, daß sie nicht das Ausmaß an Aufmerksamkeit, das ihnen hier gewidmet worden ist, zu verdienen scheinen, so beinhalten sie doch gewisse Folgerungen, die uns helfen können, etwas von die Kunst der Überredung zu verstehen. Einige dieser Implikationen wollen wir nun besprechen.

Wie kann man Menschen überreden?

Wir werden nun versuchen, 7 Schlüsselfragen zur Kunst der Überzeugung zu beantworten. Diese Antworten basieren auf den Forschungen der Psychologen und Sozialwissenschaftler, die bereits oben erwähnt worden sind.

1. Kann man Menschen überreden?
2. Wenn ja, wer kann überredet werden?
3. Wie kann man Menschen ändern?
4. Welche Appelle sind am wirkungsvollsten?
5. Wie bringt man Ideen an?
6. Wie erreicht man die Massen?
7. Welche Wirkungen hat die Massenkommunikation?

Wir wollen mit der fundamentalen Frage beginnen, die den Kern all unserer Hypothesen berührt. Die Antwort ist ein bedingtes Ja, je nach Person und je nach dem, wozu sie überredet werden soll. Der Mensch verfügt über eine erstaunliche Vielfalt an Geschmacksrichtungen und Interessen. Er ist das bei weitem anpassungsfähigste Lebewesen. Es mag jedoch für viele überraschend sein, daß der Mensch trotz unseres modernen Lebens nicht zum Roboter geworden ist. Er kann mit Hilfe eines simplen psychologischen Mittels nicht manipuliert, eingeschaltet, verkabelt, gesteuert oder programmiert werden. Der Mensch ist *vielfältig* und *komplex.* Er trägt in sich nicht nur die Milliarden Eindrücke aus seiner Umwelt, sondern auch die Tausende von Stunden, die er bereits gelebt hat. Sogar ein 22-jähriger hat bereits 190000 Stunden gelebt.... Das kann man nicht durch eine Stunde Fernsehen manipulieren oder eine Reklamekampagne, wohl aber könnten Änderungen hervorgerufen werden durch das Lesen der richtigen Zeile eines Buches im richtigen Augenblick, durch den Geruch von Herbstlaub, durch ein Lächeln oder einen schönen Tag. Wenn wir also vom Überzeugen sprechen, müssen wir uns immer auch bestimmter Grenzen bewußt sein.

Wer kann überredet werden?

Bekanntlich sind manche Menschen leichter zu überzeugen als andere. Sozialpsychologen wie Hovland, Kelly und Janis haben Untersuchungen darüber angestellt, welche Menschen von ihrem Temperament her am leichtesten zu überreden sind und welche am schwersten. Kurz zusammengefaßt fanden sie das folgende heraus:

Leicht zu überreden: Einfallsreiche Menschen, „die kreativ und einfühlsam reagieren". Sensibilität und Intelligenz haben die Tendenz, eine Person für fremde Ideen aufgeschlossen zu machen.

Leicht zu überzeugen, aber so beeinflußbar, daß sie ihre Meinung schnell ändern: Menschen mit geringem Selbstbewußtsein. Anzeichen dafür können sein Schüchternheit, Unausgeglichenheit, Mangel an Selbstvertrauen und Passivität. Auch „außengeleitete" Menschen, die ihre Wertvorstellungen an ihnen Gleichgestellten orientieren, werden schnell vom Wechsel der Moden und Meinungen beeinflußt.

Widerstandsfähig gegen Überredung: Starrköpfige oder feindselige Menschen. Die extreme Form des Widerstands gegen jede Überzeugung ist natürlich der paranoide Typ. Sehr aggressive Persönlichkeiten und solche ohne normal ausgeprägtes Reaktionsvermögen bleiben relativ unbeeinflußt von jeder Form der Überredung.

Wie kann man Menschen ändern?

Die Experimente über die Möglichkeiten, Meinungen der Menschen zu ändern, befaßten sich im wesentlichen mit drei Hauptthemen: Der Reihenfolge des Vortrags, der Wirksamkeit der Quelle und der Wirksamkeit der Furchterzeugung als Anziehungskraft. Die Forschungsergebnisse von Schramm, Maccoby, McGuire, Rosenberg und anderen werden im folgenden kurz zusammengefaßt:

1. Bei Menschen, die bereits eine Meinung haben, ist es wirksamer, nur eine Seite, und zwar die positive, zu präsentieren. Bei Menschen, die der Idee negativ gegenüberstehen, ist die zweiseitige Kommunikation besser; d.h. beide Seiten der Fragestellung werden präsentiert.

2. Obwohl man keinen Unterschied feststellte im Ausmaß, mit dem die Probanden ihre Meinung in der beabsichtigten Richtung veränderten, gleich, ob man sie mit ein- oder zweiseitiger Kommunikation konfrontierte, erwiesen sich diejenigen, denen man beide Seiten eröffnete, und zwar die negative zuerst, als hochgradig resistent gegen die Wirkungen nachfolgender Anstrengungen, ihre Meinungen zum Gegenteil hin zu ändern. Das war bei jenen, denen man nur einen Standpunkt erklärte, nicht der Fall. Anscheinend hat die Bekanntgabe der Gegenargumente einen gewissen Immunisierungseffekt.
3. Wird eine widersprüchliche Argumentation präsentiert, erscheint die erstgenannte glaubhafter als die nachfolgende Kommunikation. Liegt jedoch eine Phase freier Beschäftigung dazwischen, hebt sich dieser Primäreffekt oft wieder auf.
4. Der Einfluß der zeitlichen Folge ist bei Personen, die sich mehr als gewöhnlich für das betreffende Thema interessieren, geringer.
5. Kommunikation, deren Inhalte für die Beteiligten wünschenswert sind, überzeugt eher, wenn man diese zuerst vorträgt.
6. Wenn der Vortragende auch Gegenargumente erwähnt, sollte er seinen Standpunkt zuerst vortragen, nicht zum Schluß.
7. Über den Einfluß von Autorität fand man heraus, daß zwar das Prestige des Senders für die Überzeugungskraft von Bedeutung ist, daß sich dieser Vorteil aber im Laufe der Zeit verliert und die Bot-

schaft sich letztlich allein behaupten muß. In den Experimenten war vier Wochen nach der Aufnahme der Argumentationen der Inhalt im Gedächtnis haften geblieben, aber die Quelle, ob mit oder ohne Prestige, offenbar vergessen worden; nur der Inhalt war gespeichert.

Welche Art von Appell ist am wirkungsvollsten?

Wir verlassen nun die Experimente, die sich mit der zeitlichen Anordnung von Information und dem Einfluß von Prestige oder der Quelle befassen, und wenden uns den Ergebnissen zu, die sich mit dem Aspekt emotionaler Empfänglichkeit befassen. Im Volksmund glaubt man, daß die Menschen in ihren Empfindungen schwanken und daß sie überzeugt werden können, wenn man durch Emotionen ihre Aufmerksamkeit lenken kann.

Dies ist genauso unrealistisch wie die gegenteilige Annahme, nämlich, daß Menschen völlig rationale Wesen sind. Das haben fast alle Untersuchungen auf diesem Gebiet gezeigt, die bisher gemacht worden sind. Viele erfolgreiche Menschen haben durch Erfahrung herausgefunden, daß der Mensch im allgemeinen rational handelt und sich seiner Interessen wohl bewußt ist, daß er nicht der Spielball sinnloser Wünsche oder unsteter Gefühle bezüglich jeder beliebigen Sache ist und daß er gefühlsgerichteten Appellen eher mißtraut. Sogar ein so mächtiges Gefühl wie Furcht führt bei Kindern zu überraschenden Ergebnissen, wie die folgenden Experimente zeigen.

Die Experimente von Janish und Feshbach, bei denen Furcht als Auslöser fungierte, scheinen zu zeigen, daß stark furchterregende Appelle weniger Durchschlagskraft haben als nur gemäßigt oder in geringem Ausmaß furchterregende Botschaften. Die nur minimal angsterregende Information (im vorliegenden Fall über die Folgen, die entstehen, wenn man seine Zähne nicht putzt) erwies sich als die wirksamste, während der stark angsteinflößende Appell – Zahnschmerzen, Leiden wie Krebs, Lähmung und Erblindung als extreme Folge schlechter Zähne, Infektionen etc. – fast völlig wirkungslos war. Offenbar erzeugt ein hoher Angstquotient starke Abwehrmechanismen. Ähnliche Experimente mit Erwachsenen über die Gefahren der Atombombe erbrachten die gleichen Resultate.

Das bedeutet natürlich nicht, wie Ihnen jeder Verkäufer bestätigen kann, daß Emotionen ceteris paribus keinen Effekt haben, oder daß Gefühle nicht große Kräfte entfalten können, wenn sie richtig genutzt werden. Robert McMurray beschließt einen köstlichen Artikel in der Harvard Business Review über das Geheimnis des Superverkäufers mit den Sätzen:

> „Typisch für begeisterte Verkäufer ist das Finale, das ein Fachverkäufer für Tafelsilber mit großem Erfolg anwandte. Er hatte in seinem Musterkoffer immer auch zwei große Kerzenleuchter. Wenn er zum Ende seines Vortrags kann, legte er das glitzernde Silber auf schwarzen Samtdecken auf den Eßzimmertisch, zündete die Kerzen an und löschte das Licht. In der so

geschaffenen romantischen Atmosphäre holte er zum letzten Schlag aus und sagte der zukünftigen Hausfrau: ‚Gnädige Frau, im Leben einer Frau gibt es drei offenbarungsähnliche Augenblicke: Wenn der Mann, den sie liebt, ihr sagt, daß er sie auch liebt und sie heiraten möchte; wenn sie ihr Erstgeborenes in den Armen hält; und schließlich, wenn sie ihr erstes Tafelservice aus Sterlingsilber erblickt. Unterschreiben Sie hier, gnädige Frau. Hier ist der Bleistift, gnädige Frau. Drücken Sie gut auf, das Formular hat vier Durchschläge.‘ “

Eingehende Appelle und sensible Argumentation, die einen bleibenden Eindruck machen, reichen weiter als bloße Sentimentalität. Auch wenn sie Marktschreier und Bauernfänger benutzen, muß derjenige, der die Gedanken und das Leben anderer ändern will, höher ansetzen und wesentlich mehr bieten. In erster Linie Aufrichtigkeit und tiefgründiges Denken, zweitens Scharfsinn und echtes Verlangen und schließlich die Fähigkeit, das Wahre und Beständige zu erkennen.

Wie übermittelt man Ideen?

Die nächste Gruppe von Erkenntnissen, mit denen wir uns befassen wollen, bezieht sich auf die Art und Weise, wie Ideen und Neuerungen übermittelt werden. Hier besteht ein enger Zusammenhang mit den Arbeiten einer ganze Reihe von Soziologen und Sozialpsychologen, wie z. B. Lazarsfeld, Berelson, Gaudet und Dodd, die die Rolle von Meinungsführern untersuchten. Was sie herausgefunden haben, faßt Dr. Elihu Katz in einem Artikel über die Verbreitung neuer Ideen und Techniken zusammen. Dr. Katz' sechs Hauptschlußfolgerungen aus einer Reihe von berühmten Experimenten sind:

1. Der Einfluß von Personen auf konkrete Entscheidungen ist häufiger und vor allem wirkungsvoller als der Einfluß von Medien. Dies ergab sich aus einer Studie über Wählerbeeinflussung bei den Wahlen von 1940, wo während des Wahlkampfes sehr wenige Menschen ihre Wahlabsicht änderten. Bei den wenigen, die ihre Meinung veränderten, war der Haupteinfluß nicht auf die Massenmedien – Rundfunkübertragung, Zeitungsartikel – zurückzuführen, sondern auf andere Menschen: Familie, Freundes-, Kollegenkreis.
2. Die Einflußausübenden sind in der Regel Personen, die den Beeinflußten nahestehen und meist den gleichen sozialen Status haben. Es war seltener, jemanden in hoher Position zu finden, der eine untergebene Person beeinflußte, als umgekehrt.
3. Einander nahestehende Personen tendierten zu gleichen Meinungen und Haltungen und zeigten Widerstreben, vom Gruppenkonsens abzuweichen, auch wenn der Appell der Masse attraktiv schien.
4. Wie oben bemerkt, neigten die Gruppenführer dazu, ihre Führungsrolle zu spezialisieren. Der eine verlegte sich vielleicht auf das Gebiet Mode, der andere auf Marketing, etc.
5. Einfluß wurde meist von den Sensibleren und Bewußteren ausgeübt, was seine Grenze in der Unempfänglichkeit jener fand, die jedem Wandel negativ gegenüberstanden.

6. Diejenigen, die Ideen verbreiten – die Meinungsführer – waren den Medien aller Art mehr ausgesetzt als die Geführten, besonders auf ihrem Spezialgebiet.

Diese Studien zeigen, daß es bei der Verbreitung von Ideen und Neuheiten ein bestimmtes Muster gibt. Es besteht aus drei Stufen: (1) Die Idee bzw. die Innovation wird von einer kleinen Anzahl von „fortschrittlichen" Personen vorgestellt, die sie durch Lesen oder Zuhören aufgenommen haben und sie nach einer Experimentierphase an ihre Freunde und Nachahmer weitergeben. (2) Während der zweiten Phase verbreitet sie sich auf Grund ihrer Vorteile und gegebener Modetrends rasch. (3) In der dritten Phase wird sie selbst zur Norm, und auch die älteren, isolierteren Mitglieder der Gruppe nehmen sie an.

Für die Übernahme jeder Idee scheint es jedoch ein oberstes Prinzip zu geben: Die Idee muß nicht nur von den Meinungsführern akzeptiert werden, sondern sie muß auch in den bestehenden kulturellen Kontext passen. Handelt es sich um eine wirkliche Innovation, muß sie irgendwie in das bestehende Wertsystem der Gesellschaft integriert werden. Jede Neuerung muß, um akzeptiert zu werden, zu den vorherrschenden Strukturen passen und oft von vornherein modifiziert werden, soll sie sich harmonisch einfügen.

4.7 Wie man die Masse erreicht

Auch hier scheinen die Forschungsergebnisse der Soziologen darauf hinzudeuten, daß die Kommunikationsmittel die Massen nicht in der simplen, direkten Art und Weise ansprechen, die man vielleicht vermutet. Die Wirkung der Massenmedien hängt von einem komplexen Geflecht unterschiedlicher persönlicher und gesellschaftlicher Einflüsse ab. Und – gleich wie intensiv und mächtig sie sein mögen – sie konkurrieren mit einer Vielzahl anderer, tieferer Einflüsse: Schule, Familie, Arbeit, persönliche Interessen, menschliche Ziele und Bedürfnisse. Daraus folgt, daß es soetwas wie eine Massenzuhörerschaft im einfachen Wortsinne gar nicht gibt, außer, der gesamte institutionelle Rahmen einer Gesellschaft wäre zerbrochen wie im Fall von Revolutionen, Kriegen oder anderen gesellschaftlichen Katastrophen und das Individuum dadurch jeglicher Orientierung beraubt und Teil des schrecklichen Phänomens „Mob" geworden. Es gibt den gedankenlosen Mob, bei dem alle Intelligenz- und Kontrollmechanismen ausgeschaltet sind, und es gibt das Individuum, das die Produkte der Massenkommunikation auf genau die Weise hört, auf die es sie hören möchte und das genau die Nachricht aufnimmt, die es aufnehmen möchte. Diese Individuen kann man nur über ihre Meinungsführer und im Kontext ihres soziokulturellen Hintergrunds erreichen. Man kann sie nicht allein durch die Lautstärke oder die Raffinesse der Massenmedien vereinnahmen. Doch was sind denn nun eigentlich die Wirkungen der Massenmedien, von denen wir soviel hören?

Was sind die Wirkungen der Massenkommunikation?

Wir beschließen unsere Nachforschungen über das Thema der Überredung mit folgender abschließender Frage zur Massenkommunikation: Wie groß ist ihr Einfluß tatsächlich? Ist sie wirklich das moderne Frankenstein-Monster, wie moderne Sozialkritiker behaupten? Haben all die seichten Programme unserer Kultur den Boden entzogen? Haben all die Gewalt und die Katastrophen, aus denen unser Fernsehen zum großen Teil besteht, die Kriminalität erhöht, Mordlust erzeugt? Haben konstanter Lärm und Trubel unsere kontemplativen und kreativen Fähigkeiten zerstört? Oder vereinheitlichen andererseits die Massenmedien die Menschen dieser Erde, planieren die Unterschiede zwischen ihnen ein, normieren den Geschmack, preisen die Übereinstimmung von Standpunkten, Werten und Wünschen und transformieren so allmählich die Welt in eine genormte Kultur?

Bevor wir diesen Fragen nachgehen, wollen wir sehen, was die Sozialwissenschaftler zu dem zuerst gestellten Fragenblock zu sagen haben. Welchen Einfluß haben die Massenmedien tatsächlich, um uns zu etwas zu überreden? Die Sozialwissenschaft hat darauf einige interessante Antworten gefunden, Aussagen, die für alle Arten von Kommunikation gelten.

Erstens, der Mensch hört vor allem auf Meinungen, die mit seinen eigenen übereinstimmen. Die Sozialwissenschaftler nennen dies „selektives Wahrnehmen“. Es macht einen großen Teil unserer Massenkommunikation im Hinblick auf Meinungsänderung unbrauchbar. Selektives Wahrnehmen gilt gleichermaßen für Geschmack, Unterhaltung und Kultur. Wir hören uns Sendungen an, die wir zu schätzen gelernt haben und meiden andere. Es ist also sinnlos, einen Sender zu drängen, „gute“ Musik zu spielen und so das Niveau zu heben. Der Teil des Publikums, der „gute“ Musik liebt, wird zuhören; die, welche sie nicht schätzen gelernt haben, werden nicht zuhören. Bei politischen Diskussionen schaut der Zuhörer auf seinen Kandidaten und hört ihm zu, andere blendet er aus.

Zweitens, wenn jemand gezwungen ist, einen von ihm abgelehnten Standpunkt zu erörtern, neigt er dazu, ihn anders auszulegen oder ihn seinen eigenen Vorstellungen anzupassen. Das nennt man selektive Interpretation. Wir interpretieren Nachrichten so, wie wir sie hören wollen.

Drittens schließlich erinnert man sich an die Dinge, die den eigenen Standpunkt bestätigen, und neigt dazu, daß Gegenteilige zu vergessen. Also auch das Gedächtnis arbeitet selektiv. Die Massenmedien müssen nun diese dreifache Hürde der selektiven Wahrnehmung, Interpretation und Erinnerung überwinden. Daher ist die Massenkommunikation trotz ihrer großen Macht und Allgegenwart kaum erfolgreicher hinsichtlich der Verhaltensänderung als jede andere Kommunikationsform und in vielen Fällen sogar viel wirkungsloser als zwischenmenschliche Kommunikation. Was die Massenkommunikationsmittel jedoch leisten, ist, daß sie dem Zuhörer bzw. Zuschauer viel mehr von dem anbieten, was er hören will. Sie tendieren so dazu, bestehende Meinungen und Vorlieben zu verstärken. Diese Verstärkung ist nach Meinung der Soziologen ihre Hauptwirkung.

Heißt das nun, daß die Massenmedien gar keinen Einfluß haben? Natürlich nicht. Es gibt Zeiten, zu denen die Menschen reif sind für Veränderungen. Dann hören sie zu und können geändert werden. Die Medien können dann großen Einfluß haben, wenn Meinungen und Geschmack noch ungeformt sind, wie dies bei der Präsentation neuer Produkte durch die Werbung der Fall ist, und auch ihr Verstärkungseffekt kann erheblichen gesellschaftlichen Einfluß ausüben in dem Sinne, daß sie die negativen Seiten der Gepflogenheiten, die sie verstärken, ignorieren. Aber die Massenkommunikationsmittel sind keine Gehirnwäscheapparate, und sogar die schlechtesten Programme haben aller Wahrscheinlichkeit nach eine nicht so starke Wirkung, daß sie zu Kriminalität und Asozialität führen können. Im Gegenteil zeigen Studien, daß Kinder mit hohem Konsum an Gewaltsendungen keine signifikanten Unterschiede zu denen, die wenig oder gar nicht fernsehen, aufweisen. Man fand heraus, daß sie keine höhere Straffälligkeitsquote aufwiesen, nicht öfter die Schule schwänzten und auch nicht weniger leisteten. Was man jedoch herausfand, war – wie vielleicht zu erwarten –, daß diejenigen, die Gewaltprogramme ansahen, tendentiell aggressiver waren, aber es gibt keinen Beweis, daß das Gefallen an der Gewalt Folge der Sendungen war. Im Gegenteil, es gibt sogar Studien, die nachwiesen, daß die Sendungen dazu beitrugen, bei aggressiven Persönlichkeitsstrukturen Spannungen abzubauen.

Wie kann man nun die Wirkung der Massenmedien zusammenfassen? Vielleicht mit den folgenden sechs Punkten:

1. Die Massenmedien müssen mit vielen anderen Kommunikationsformen und sonstigen mächtigen Einflüssen konkurrieren. Ihr Einfluß ist daher kaum beherrschend und schwankt stark je nach individueller Persönlichkeitsstruktur und Situation.

2. Der Inhalt der Massenkommunikation wird durch Hintergrund, Erfahrung und Präferenzen des Individuums gefiltert und dient dazu, bestehende Meinungen, Haltungen und Vorlieben zu verstärken.

3. Trotz allem sind die Massenmedien nützliche und überall zugängliche Informationsquellen. Oft vermitteln Radio, Fernsehen oder Werbung als erste Neuigkeiten.

4. Um Wandel herbeizuführen, sind die Medien nur einer von vielen Kanälen, die im Prozeß der Transformation und Akzeptanz eine Rolle spielen, wobei jeder dieser Kanäle eine bestimmte Bedeutung für eine ganz bestimmte Stelle im Ablauf hat. In einer Untersuchung über die Akzeptanz von Arzneimitteln bei Ärzten fand man beispielsweise heraus, daß mehrere Kanäle im Spiel waren. Der erste Kontakt erfolgte typischerweise durch kommerzielle Kanäle, während die zusätzlichen Informationen, die sich der Arzt beschaffte, von seinem Berufsstand kommen mußten. In einer anderen Studie über die Akzeptanz eines neuen

Düngemittels und neuen Saatguts bei Farmern zeigte sich, daß ganz bestimmte Informationskanäle mit jeder der folgenden vier Phasen verbunden waren: In der ersten nahm der Farmer die Innovation wahr, in der zweiten wurde sein Interesse geweckt, in der dritten wurde die Entscheidung über die Annahme gefällt und in der vierten probierte er die Neuerung tatsächlich aus. Man fand nicht nur heraus, daß verschiedene Kanäle in den unterschiedlichen Phasen besonders bestimmend waren, sondern auch, daß Farmer, die während einer bestimmten Phase durch den „falschen" Kanal informiert wurden – z. B. von ihrem Nachbarn auf das neue Verfahren aufmerksam gemacht wurden statt durch Fachzeitschriften –, die Innovation mit höherer Wahrscheinlichkeit ablehnten als jene, die über den „richtigen" Kanal in der „richtigen" Phase erreicht worden waren.

5. Bei der Überzeugung spielen die Massenmedien eine geringere Rolle als persönliche Kommunikation.

6. Und schließlich ist die Wirkung der Massenmedien auf orientierungslose oder von ihrer sozialen Gruppe isolierte Personen größer als auf solche, die Teil einer bestehenden Ordnung sind. Im zweiten Weltkrieg fand man beispielsweise heraus, daß Propaganda erst auf die Soldaten wirkte, wenn die militärische Lage so schlecht war, daß die Primärgruppen, denen die Soldaten angehörten, aufgelöst waren.

Wir wollen nun den zweiten Fragenkomplex über die Massenkommunikation behandeln. *Normt* die Massenkommunikation nicht die Völker der Erde, ebnet die Unterschiede zwischen ihnen ein, vereinheitlicht den Geschmack, stabilisiert die Ähnlichkeit der Standpunkte, Werte und Wünsche und transformiert die Welt so allmählich zu einer einheitlichen Kultur?

Die Antwort ist: Ja. Die Massenkommunikation, wie auch die erhöhte Mobilität, die durch die modernen Verkehrsmittel möglich ist, verleiht der Welt eine einheitliche Struktur. Es ist gar keine Frage, daß unsere Massenkommunikationsmittel die Stimme des 20. Jahrhunderts über die ganze Welt verbreitet haben. Völker und Kulturen, die lange außerhalb allen Geschehens geschlummert haben, erwachen und hören den Dialog der großen Nationen. Die Folge davon ist, so wird gesagt, erhöhte Standardisierung, und man hat den Eindruck, daß dies gut sein müsse, weil sie uns die Früchte des technischen Fortschritts, der Kunst, der Bildung und neuer gesellschaftlicher Entwicklungen bringt. Andere sagen, dies sei schlecht, weil es die totale Konformität fördere und einen Verlust an notwendiger und fruchtbarer Vielfalt bedeute, die den menschlichen Geist und dessen Leistung beflügelt. Diese Diskussion ist endlos und vielleicht rein akademisch, weil die Entwicklung, ob gut oder schlecht, wahrscheinlich irreversibel ist.

Allerdings verleiht die Möglichkeit zur sofortigen Massenkommunikation dem Gesagten eine neue Spontaneität und Intensität. Keine Nachricht ist nun mehr alt. Neugkeiten können so schnell, wie sie passieren, an alle übermittelt werden. Wir leben in unserer Welt wie in einer Stadt. Mit den wohlbekannten Worten des einmal modernen Marshall McLuhan: „Elektrisch verbunden, ist der Globus nurmehr ein Dorf."

Ereignisse aus jedem Winkel der Welt, die offensichtlich von Interesse sind, werden so jedem so schnell und manchmal so genau mitgeteilt, wie es früher durch Dorfgeschwätz geschah. Das bedeutet, daß Kameraauge und Mikrophon überall den Augenzeugenbericht und das Gartenzaungeschwätz ersetzen können. Es bedeutet, daß Personen des öffentlichen Lebens dem Massenpublikum, das natürlich wir alle sind, lebhafter vor Augen geführt werden können und manchmal auch attraktiver erscheinen als unsere eigenen Lebensbereiche. Die Schicksale prominenter Personen werden oft so gierig verfolgt wie die unserer Nachbarn. Es bedeutet, daß uns keine neue Idee oder Mode der Welt entgehen kann. Und es bedeutet, daß sich Wandel rasch vollzieht. Der neueste Tanz, der letzte Spleen, der neueste Star, das aktuellste wichtige Buch, die allerletzte Redensart, alles erreicht uns innerhalb weniger Tage und ist genauso schnell wieder verschwunden. Wie Arthur Miller sagte:

> „Moden, die früher Jahre brauchten, um zu reifen und wieder zu verblassen, tauchen nun innerhalb von Monaten oder gar Wochen auf, erreichen ihren Höhepunkt und verschwinden wieder. Die Avantgarde wird institutionalisiert, noch ehe sie in einer Zeit der Nichtbeachtung ihre Originalität beweisen konnte."

Es bedeutet, daß die Produkte unserer Weisheit und Kultur in Adis Abeba oder Sansibar bald so alltäglich oder alt werden wie in New York.

Auch hier debattieren die Kritiker endlos darüber, ob diese Entwicklung gut oder schlecht sei. Zerstört sie kleine, aber höherwertige Kulturen, oder erhebt sie sie zur Weltgeltung? Erzeugt sie eine Massenkultur, die alle Hochkulturen der Welt degradiert, oder erhebt sie die Massenkultur, indem sie die Pracht, Vornehmheit und Einzigartigkeit der Hochkulturen übernimmt? Füllt sie die Welt nur mit trivialen Pseudoereignissen, oder bereichert sie das Leben des Durchschnittsmenschen mit der Komplexität und Faszination vielfältiger Geschehnisse? Wie dem auch sei, die Auseinandersetzung mit unserer Kultur hat sich enorm beschleunigt, und die Kommunikation bringt die Welt ständig und unmittelbar auf die Ebene unseres Bewußtseins. Die Zeit selbst hat die Vergänglichkeit aller Moden und Ereignisse erhöht. Der geflügelte Streitwagen der Zeit ist jetzt immer bei uns.

Dank der Massenkommunikation ist unser Weltverständnis und unser Wissen gewachsen. Allein dies hat ganz gewiß das menschliche Leben bereichert. „Ein einziger Tag unter Gelehrten", schrieb Seneca, „dauert länger als das längste Leben eines Unwissenden". Man hat darauf verwiesen, daß dieser enorme Anstieg in der Verfügbarkeit von Wissen oder auch der Menge an Wissen, die in unserer komplexen Welt nötig ist, um zu überleben, uns und unseren Kindern schwere Belastungen auferlegt hat, die noch weiter wachsen werden. Es ist jedoch schwer einzusehen, warum diese Bereicherung, trotz der damit verbundenen Last, etwas Negatives sein soll. Das Leben eines Menschen kann nur innerhalb seiner Kultur gelebt werden, und je mehr Wissen und Verständnis diese Kultur ermöglicht, desto reicher, tiefer und interessanter ist ein Leben. So gesehen müssen wir der Massenkommunikation eine positive Wirkung zusprechen, die auch für die Zukunft noch viel verspricht.

Schließlich gibt es noch Stimmen, die sagen, die Massenkommunikation habe begonnen, unsere Welt so tiefgreifend zu verändern, daß wir uns gar nicht des wahren Ausmaßes dieses Wandels bewußt sind und ihn noch gar nicht verarbeitet haben. Wir hinken tatsächlich immer einen Schritt hinter unseren neuen Welten her. Eine Reihe von Soziologen und Kommunikationswissenschaftlern behaupten, daß wir uns unserer neuen Umgebung und unseren neuen Medien noch nicht gestellt haben.

Wir sind unfähig gewesen, der Zukunft zuzuhören!

5. Zuhörtechniken

Zuhören muß ein Teil Ihres Lebens werden · Wege zu effizientem Zuhören · Gute Zuhörgewohnheiten · Der aktive Zuhörer · Dabeisein bei einem Zuhörseminar

5.1 Zuhören muß ein Teil Ihres Lebens werden

Was kann man tun, um seine Zuhörfähigkeit zu steigern? Gibt es etwa Geheimnisse, deren Kenntnis für effizientes Zuhören unerläßlich ist? Gibt es erlernbare Tricks, die einem die Macht verleihen, die gutes Zuhören in Leben und Karriere hat? In gewisser Hinsicht lautet die Antwort in beiden Fällen: Ja. Andererseits gibt es auch große Vorbehalte. Zuhören ist nicht nur ein Trick oder die Abfolge bestimmter Techniken. Es ist eine *Einstellung,* mit der man die Welt beobachtet. Um ein guter Zuhörer zu sein, muß man Zuhören zum Teil seines Lebens machen.

Wir wollen deshalb als letztes einige Vorgehensweisen, Einstellungen und Techniken besprechen, die sich als wirksam und hilfreich erwiesen haben, um effiziente Zuhörgewohnheiten zu entwickeln.

5.2 Vorgehensweisen zur Verbesserung des Zuhörens

Auch wenn die meisten von uns sich in Tests als schlechte Zuhörer erweisen, haben doch viele in nicht allen Bereichen des Zuhörens gleich große Schwierigkeiten. Die Erfahrung scheint zu lehren, daß der fruchtbarste Ansatz der Verbesserung unserer Zuhörfähigkeit in der Selbstanalyse besteht.

Betrachten die Menschen, die Sie am meisten bewundern und an deren Zuhören Ihnen am meisten liegt, Sie als einen guten Zuhörer? Wenn ja, warum? Wenn nein, welche Fehler machen Sie Ihrer Meinung nach beim Zuhören? Welche konkreten Zuhörgewohnheiten bedürfen als Ergebnis der Analyse Ihrer Erfahrungen beim Zuhören der Veränderung bzw. Verbesserung!

Wenn man mit Hilfe der vier Elemente des Zuhörmodells WIBR (Wahrnehmen, Interpretieren, Bewerten und Reagieren) eine Analyse seiner Stärken und Schwächen auf jedem Gebiet anfertigt, kann man sich – auf diesen Informationen aufbauend – auf jene Punkte konzentrieren, die am nötigsten der Verbesserung bedürfen. Andere Ansätze, beispielsweise Gedächtnistraining oder das Studium der Hindernisse guten Zuhörens wie Verschlossenheit, Wunschdenken, Bedeutungsprobleme, zuviel reden, Anmaßung und Angst, können ernsthafte Zuhörprobleme verursachen. Ein Ansatz, der verschiedentlich erfolgreich angewandt wird, ist, sich mit einem anderen Menschen zusammenzutun – Ehegatte,

Kollege oder Freund – und einander zu beobachten, um so die Zuhörgewohnheiten zu verbessern. Die Vorgehensweise, die wir als die erfolgreichste betrachten, ist, sich seiner Zuhörprobleme bewußt zu werden, sie sorgfältig zu analysieren und sie dann in unser Unbewußtes zu verbannen, wo sie allein durch die Beziehungen zu unserer Umwelt überwacht werden. Dieser Ansatz ermöglicht eine Basis zur Verbesserung in allen kritischen Bereichen. Zusammen mit den Einstellungen, die das Zuhören verbessern, und dem Studium der verschiedenen Zuhörtechniken gelingt es so, nicht nur ein guter Zuhörer zu werden, sondern auch in Leben und Karriere Erfüllung zu finden.

5.3 Einstellungen, die das Zuhören verbessern

In den letzten Jahren wurde eine Flut von Büchern darüber veröffentlicht, wie man über andere Menschen Macht erlangen kann. Die Titel lauteten z. B.: „Macht – wie man sie gewinnt und behält“, oder „Wie man sich sein Leben nicht von anderen bestimmen läßt“. Natürlich enthalten viele dieser Werke gute Ratschläge, aber von vielen Lesern wird die Annahme in Zweifel gezogen, warum ein Mensch einen anderen dominieren müsse. Ein Buch empfiehlt, den Gesprächspartner mit dem Rücken zum Fenster in einem Stuhl zu plazieren, der etwas niedriger ist als unser eigener, so daß wir ihn genau sehen können. Viele von uns empfinden Praktiken solcher

Art als falsch, da sie, wie es in vielen aggressives Verhalten unterstützenden Büchern geschieht, gerade die schlechten Angewohnheiten unterstützen, die oft ein Symptom einer im Abstieg begriffenen Zivilisation sind. Denn ganz sicher sind Höflichkeit und eine entspannte Haltung Grundvoraussetzungen für einen guten Zuhörer.

Eine zweite Einstellung, die die Überbetonung der Rolle des Senders im Kommunikationsprozeß vertritt, drückt sich in dem Drang aus, Eloquenz zu beweisen und jede Gelegenheit zu ergreifen, im Gespräch zu dominieren. Es wäre sicher sehr erfrischend, wenn sich einmal jemand rühmen würde, ein guter Zuhörer zu sein oder die Fähigkeit zu besitzen, andere zum Reden zu bringen und das von anderen Gesagte richtig einzuschätzen.

Wir müssen drei Einstellungen entwickeln, die – wie die Erfahrung gezeigt hat – für gute Zuhörer charakteristisch sind.

Die erste ist die Bereitschaft, nicht das ganze Gespräch selbst zu bestreiten. Mit zunehmender Positionshöhe und Verantwortung steigt natürlich die Notwendigkeit, wirkungsvoll zu kommunizieren, und seltsamerweise schlägt die Form dieser Kommunikation ab einer bestimmten Ebene vom Sprechen in Zuhören um. Zu je höheren Entscheidungsebenen man kommt, auf denen große Mengen an Wissen und Information verarbeitet werden müssen, um so mehr muß der Entscheidungsträger seine Zuhörfähigkeit entwickeln. Wir haben bereits die Versuchung gerade bei Personen mit großem Wissen und hoher

Autorität erwähnt, eben diese Kompetenz auch herauszustellen. Um jedoch ein guter Zuhörer zu werden, ist es oft nötig, dieser Versuchung zu widerstehen, und so ist es zuallererst notwendig, die Bereitschaft zu entwickeln, den anderen *sprechen zu lassen.*

Die zweite Einstellung ist, der Person, der Sie zuhören wollen oder müssen, zu zeigen, daß Sie sie *akzeptieren* und schätzen. Das mag nicht immer einfach sein, zumal, wenn man Menschen zuhören muß, die eigennützige Zwecke verfolgen, die emotional reagieren oder die Ideen, Meinungen oder Projekte vertreten, die Ihnen ausgesprochen dumm erscheinen oder denen Sie nicht zustimmen können. Doch zeigt sich, daß, wenn man zwar nicht das Argument, so doch wenigstens die Person, die es vorträgt, akzeptiert, fast immer emotionale Reaktionen zerstreut werden und ehrliche und effiziente Kommunikation die Folge ist.

Schließlich gibt es die Einstellung, Zuhören zu einem *aktiven* Teil des ganzen Kommunikationsprozesses zu machen, die Dr. Steil die „51% - Mindestverantwortung" nennt, d.h. sich für mindestens 51% des gesamten Kommunikationsprozesses verantwortlich zu fühlen. Um ein so aktiver Zuhörer zu sein, muß man Interesse an jedem Thema finden, das der Sprecher anschneidet, muß man den Inhalt einer Nachricht von der Art ihrer Darbietung unterscheiden können, auf Ideen mehr als auf Fakten achten, muß man dem Sprecher die volle Aufmerksamkeit schenken, Ablenkungen widerstehen und seinen Verstand während des Zuhörens offenhalten und auf das Gesagte eingehen – also dem Sprecher das Gefühl geben, daß Ihnen das, was er sagt, gefällt und Sie interessiert.

Soviel zu den notwendigen Vorgehensweisen und Einstellungen. Wie können wir diese nun anwenden? Welche Techniken muß man anwenden, wenn man wirklich gut zuhören will? Wir stellen eine Anzahl Techniken vor, wobei wir uns bewußt sind, daß sie eine Zusammenfassung vieler Vorschläge zu diesem Thema sind. Die meisten von ihnen beruhen schlicht auf gesundem Menschenverstand. Doch wenn sie erst einmal Teil Ihrer Art, andere Menschen zu behandeln, geworden sind, wird sich die Zeit und Mühe, die Sie für das Zuhören aufwenden, zehnfach lohnen. Der Erfolg dieser Techniken hängt zum großem Teil von den besprochenen Vorgehensweisen und Einstellungen ab.

Schaffen Sie eine angenehme Atmosphäre!

Der Sprecher soll sich wohlfühlen. Das bedeutet manchmal, daß das Gespräch dort stattfindet, wo sich der Sprecher zu Hause fühlt. Zumindest ist eine entspannte Atmosphäre nötig. Man muß dem Sprecher zeigen, daß man an ihm und seinem Thema interessiert ist und man muß den Eindruck vermeiden, daß man unter Streß oder Zeitdruck steht. Die Führungskraft, die aus jeder Unterhaltung ein Rennen mit der Zeit macht, inquisitorisch vorgeht oder einen handfesten Kampf nicht scheut oder etwa den Besucher vor einem massiven Schreibtisch in einem kühl möblierten Büro plaziert, wo ihn das Licht der Sonne blendet, wird wahrscheilich nicht viel profitieren. Wer den größtmöglichen Nutzen aus gutem Zuhören ziehen will, wird, gleich wie knapp seine Zeit in Wirklichkeit sein mag, dem Gegenüber ein Gefühl der Muße vermitteln, einen Eindruck, der oft ein Hauptmerkmal des erfolgreichen Managers darstellt. Die Atmosphäre ist entspannt, und doch wird alles erledigt.

Seien Sie bereit, die Art des anderen zu akzeptieren!

Ein Merkmal des schlechten Zuhörers ist seine Unfähigkeit, Dinge zu hören, die nicht in einer bestimmten Weise oder einem bestimmten Tonfall vorgetragen werden. Viel Zuhörenswertes wird schlecht präsentiert. Manchmal trägt der Sprecher, vielleicht aus Nervosität oder Unsicherheit, das, was er zu sagen hat, streitlustig oder defensiv vor oder einfach langweilig. Der gute Zuhörer sorgt dafür, daß der Sprecher sich wohlfühlt. Er vermittelt ihm die Gewißheit, daß man ihm mit Interesse zuhört und ihn so akzeptiert, wie er ist.

Seien Sie auf eine Diskussion über das Thema vorbereitet!

Es ist überraschend, wie viele Topmanager es versäumen, sich auch nur oberflächlich mit dem Gegenstand vertraut zu machen, dem sie ihre Aufmerksamkeit schenken sollen. Natürlich kann man wenig tun, wenn es sich um eine spontan entstandene Diskussion handelt, auf die sich der Zuhörer nicht vorbereiten konnte, aber die meisten Führungskräfte der Wirtschaft haben bei Besprechungen durchaus eine Ahnung davon, welche Themen besprochen werden, sie könnten zumindest jemanden konsultieren, einen passenden Artikel lesen oder sich sonst in kürzester Zeit Grundwissen zum Thema aneignen. Das würde sie zu viel besseren Zuhörern machen. Es würde sie befähigen, Sprecher und Inhalt treffend zu bewerten, und sie würden aus dem Gespräch mehr Nutzen ziehen.

Berücksichtigen Sie die Situation des Sprechers!

Die meisten von uns kommen zu einer vorschnellen Bewertung darüber, was von dem, was ein Sprecher wohl sagen wird, wichtig sein kann. Der gute Zuhörer hat jedoch eine viel höhere Toleranzschwelle und wird versuchen, ohne Vorurteil möglichst alles Gesagte aufzunehmen. Und er wird die Umstände in Betracht ziehen. Jemanden, der sein Redemanuskript vergessen hat oder schwer unter Streß steht, kann man nicht nach dieser Ausnahmesituation beurteilen – genauso wenig das, was er in einer solchen Situation sagt. Un doch schätzen viele Führungskräfte – besonders mit zunehmendem Alter und sich verhärtenden Vorurteilen – den Wert dessen, was ein Sprecher sagt, falsch ein, weil er unter schwierigen Bedingungen arbeitete oder weil die Krawatte, die er trug, nicht zu seinem Anzug paßte. Deshalb: Sehen Sie ihm solche Dinge nach und hören Sie zu!

Vermeiden Sie Ablenkungen!

Ein guter Zuhörer nimmt die wertvollen Passagen einer Rede in sich auf und hält Dinge, die in ihm Emotionen erwecken, zunächst einmal in der Schwebe. Er ignoriert aber nicht einfach das, womit er nicht übereinstimmt, oder das, was für ihn ein wunder Punkt ist. Der schlechte Zuhörer neigt dazu, ungeliebte Bemerkungen quasi zu „redigieren“ oder deren Bedeutung unbewußt zu verfälschen, um zu vermeiden, sich mit einem Standpunkt auseinanderzusetzen, der ihm widerstrebt. Der gute Zuhörer ist hart gegen sich selbst. Er hört das Gesagte, so wie es ist, nicht, wie er wünscht, daß es ist. Und: Er schwebt nicht in Tagträumen, während jemand zu ihm spricht. Man kann viel schneller denken als reden, was für den Zuhörer einen enormen Vorteil darstellt. Er kann diese Zeit nutzen, um Vor- und Nachteile des Gesagten abzuwägen oder dessen Konsequenzen zu durchdenken.

Achten Sie auf grundlegende Gedanken und fassen Sie diese zusammen!

Man kann das Gesagte am besten auffassen, wenn man die Hauptpunkte gedanklich zusammenfaßt. Das wird rasch zur Gewohnheit und wirkt Wunder zur Unterscheidung klarer und unklar vorgebrachter Ideen. Bei besonders verschwommenen Ansichten ist es manchmal angebracht, den Sprecher freundlich zu bitten, seine bisher vorgebrachten Aussagen genauer zu erläutern, bevor er fortfährt. Solche Unterbrechungen verärgern den Sprecher durchaus nicht, solange sie nicht zu häufig vorkommen; im Gegenteil, sie können ihm helfen, seine Gedanken zu ordnen. Und sie zeigen, daß der Zuhörer sich für seine Ausführungen interessiert.

Wiederholen Sie den wesentlichen Inhalt!

Durch das laute Wiederholen des Gehörten kann man mehr Fehler und Mißverständnisse vermeiden als durch jedes andere verbale Hilfsmittel. Es festigt den Gehalt des Vortrages im Gedächtnis des Zuhörers und bringt den Kern der Sache zum Vorschein, so daß auch der Sprecher selbst die volle Bedeutung seiner Rede erkennt.

Durchschauen Sie die inhaltliche Anordnung der Rede!

Der intelligente Zuhörer erfaßt – insbesondere bei Reden zu offiziellen Anlässen – schnell die taktische Anordnung des Inhalts. Er fragt sich: Wie hat der Sprecher seine Rede aufgebaut?

Es gibt vier allgemein übliche Arten, das Material anzuordnen, die jeder von uns kennt und anwendet. Die erste ist die Aufzählung: d. h. erster Punkt, zweiter Punkt, dritter Punkt, usw. Das zweite Grundmuster ist die Problem-Lösung-Anordnung: so lautet das Problem und so könnte man es lösen. Drittens die chronologische Anordnung: Wir begannen um 8.00 Uhr früh. Um halb neun begaben wir uns zum Kontrollpunkt... Die vierte Art ist die räumliche Anordnung: Der Inhalt wird in der Form verbaler Bilder präsentiert. Es gibt noch andere Muster, doch die eben erwähnten sind die häufigsten. Wenn man sie kennt und es einem gelingt, die Organisation des Materials früh zu erkennen, kann man viel besser zuhören.

Nehmen Sie sich vor, das Gesagte zu rekapitulieren!

Ein gutes Mittel für gutes Zuhören ist – wenn es die Umstände erlauben – sich selbst oder anderen, die vielleicht an dem Stoff interessiert sein könnten, das Gesagte zu berichten. Natürlich kommt bei vertraulichen Inhalten hier nur das Selbstgespräch in Frage. Wenn Sie jedoch von vornherein planen, die Rede in Form eines schriftlichen oder mündlichen Berichts zu rekapitulieren, werden Sie herausfinden, daß Sie besser zugehört haben.

Stellen Sie Fragen!

Höfliche und angemessene Fragen zu stellen ist eines der besten Instrumente, um den Inhalt des Gesagten zu klären und um dem Sprecher zu zeigen, daß Sie am Thema interessiert sind.

Machen Sie sich Notizen!

Tun Sie dies, wo immer es möglich ist: „Der kürzeste Bleistift taugt mehr als das längste Gedächtnis."

Bei persönlichen oder zwanglosen Gesprächen ist es natürlich nicht immer möglich oder angemessen, sich Notizen zu machen, weil die Gefahr besteht, die Stimmung zu verderben oder den Sprecher in Verlegenheit zu bringen. Doch bei offiziellen Anlässen, im Unterricht, bei Begegnungen u. ä. ist es einfach notwendig, daß man sorgfältig mitschreibt, eine Angewohnheit, die zu den wirksamsten Zuhörtechniken gehört. Unsere Konversation und alle mündlich geäußerten Gedanken sind in den Wind geschrieben. Auch wenn man ein gutes Gedächtnis hat, erweist es sich oft als wertvoll, wichtige Äußerungen schriftlich festzuhalten.

5.4 Der aktive Zuhörer

Dieses Buch betont immer wieder das „aktive" Zuhören. Auch wenn die Hauptverantwortung für gute Kommunikation beim Sprecher liegt, sollte der Zuhörer lernen, mindestens 51% dieser Verantwortung zu übernehmen. Ein bedeutender Vorteil dieses Vorgehens ist die Chance, das individuell Wertvolle aus der Konversation herauszuhören – den Kern der Sache, die Schlüsselinformation, die für den Zuhörer von besonderem Wert ist:

> „Ein Unternehmensberater hört einem Marketingdirektor zu, der über die Probleme seiner Gesellschaft spricht. Man sagt ihm, daß sich die Marketingziele zu realisieren scheinen und auf diesem Gebiet keine Hilfe nötig sei. ‚Aber', sagt der Marketingdirektor, ‚jemand sollte unser EDV-System überprüfen; ich kann aus dieser Abteilung keinen Nutzen für meine Arbeit ziehen'. Die Firma des Beraters hat sich auf EDV-Überprüfungen spezialisiert, und dem Berater wird klar, daß er mit der Beachtung dieser Nebenbemerkung vielleicht auf eine Goldader gestoßen ist."

„Ein Flugpassagier hört dem Herrn auf dem Platz neben ihm zu, der über sein Leben und die harten Zeiten spricht. Zufällig erwähnt er, daß er sich gern von einem Stück Land, das ihm gehört, trennen möchte. Der Passagier erkennt diese Schlüsselinformation. ‚Vielleicht kann ich Ihnen helfen', sagt er, ‚ich arbeite nämlich in der Immobilienbranche'."

„Ein junger Mann hört höflich einem mürrischen Ingenieur eines angesehenen Unternehmens zu, bei dem er sich beworben hat. ‚Bei uns herrscht kein solches Chaos wie drüben bei High Tech Inc.', sagt der alte Ingenieur. ‚Bei uns herrschen Kontinuität und der Sinn für das Machbare. Die anderen expandieren und reorganisieren fortwährend, und überall herrscht Durcheinander.' Das war die *Schlüsselinformation.* Der junge Mann suchte ja gerade ein Unternehmen mit Wachstum. Er erkennt, daß er bei der anderen Firma viel bessere Chancen hat."

Menschen, die lernen, gut zuzuhören, lernen auch, die Schlüsselinformationen herauszuhören – also die Elemente, die für Sie persönlich besonders wertvoll sind.

5.5 Erfolg durch Zuhörseminare

Welche Erfahrungen hat man mit Zuhörseminaren gemacht? Haben sie sich als erfolgreich erwiesen und, wenn ja, in welcher Hinsicht?

Neben der zunehmenden Zahl von Beispielen für Produktivitätssteigerungen in der Wirtschaft durch die sinkende Zahl von Arbeiten, die aufgrund von

Mißverständnissen noch einmal gemacht werden müssen, gibt es eine Reihe von Tests zur Steigerung der Zuhörfähigkeit durch Seminare. Sie fanden vor allem bei Führungskräften und im Universitätsbereich statt. Die einfachste Vorgehensweise ist, eine Gruppe von Konferenzteilnehmern vorher durch ein Zuhörseminar zu schleusen.

Warren Ganong vom Methods Engineering Council berichtet über die Ergebnisse, die er mit dieser Technik bei Trainees, die an Führungskräfteseminaren teilnahmen, gewonnen hat. Am Ende dieser Seminare wurden Tests durchgeführt, bei denen diejenigen, die im Zuhören geschult worden waren, 12 bis 15% bessere Ergebnisse erzielten als die ohne Training. Sogar eine nur einstündige Belehrung kann die folgende Zuhörleistung um 10% steigern. Dr. Charles Irvin vom Michigan State College hat die Methode ebenfalls angewendet und kam zu den gleichen Ergebnissen. Man hat bei zweistündigen Zuhörtrainings, bei denen die Unterrichtseinheiten in Zeitabständen angeboten wurden, die Erfolgskontrolle bereits in das Tranining integriert: Das Ergebnis war dramatisch. Dr. Arthur Heilman berichtet von sechs Sitzungen à 20 Minuten, bei denen nur die Hälfte dem Unterricht und die andere Hälfte bereits dem Verständnistest gewidmet war. Er fand bei dieser Vorgehensweise eine statistisch signifikante Leistungsverbesserung im 1%-Vertrauensintervall (mindestens 99%ige Wahrscheinlichkeit, daß der Zuwachs signifikant ist), als er die ausgebildete Gruppe mit der Kontrollgruppe verglich.

Dr. Ralph Nichols von der Universität Minnesota, ein Pionier im Zuhörtraining, hat über Jahre hinweg unterdurchschnittliche Zuhörer unter seinen Studenten gelehrt, ihre Zuhörfähigkeit zu verbessern. Keine der Studentengruppen verbuchte weniger als 25% erhöhte Leistung. Erwachsenengruppen aus Wirtschaft und freien Berufen leisteten sogar noch mehr. Eine Gruppe von 60 Erwachsenen, die in Abendkursen ausgebildet worden war, erzielte 52% mehr Zuhöreffizienz. Die Messung wurde mit einem Standardtest über Zuhörleistung vor und nach dem Kurs vorgenommen, der 15 Stunden umfaßte. Vorgehensweisen – Einstellungen – Techniken – Training. Das sind die Methoden und Werkzeuge, die Erfolg versprechen.

Zum Abschluß dieses Kapitels wollen wir ein typisches Zuhörseminar beschreiben und einiges von dem diskutieren, was während eines solchen Seminars passiert.

Ein typisches Zuhörseminar

Zuhörseminare sind natürlich je nach Zielsetzung, Veranstaltungsart und Lehrpersonal und den Voraussetzungen der Teilnehmer unterschiedlich. Sie finden heute in Universitäten, in Unternehmen und Behörden, im industriellen wie im technologischen Bereich statt und sie reichen von Halbtags- bis zu 4-Tages-Seminaren. Die Teilnehmerzahl schwankt gewöhnlich von 18 bis 25 bis hin zu 200 bis 300 in Großkonzernen. Obwohl die Ziele die gleichen sind, gibt es immer besondere Zielsetzungen, warum die

Seminare besucht werden – vielleicht, um die Marketingeffizienz zu steigern, die Produktivität zu erhöhen oder die Dienstleistungen freier Berufe zu verbessern.

Zuhörseminare wurden an Universitäten eingerichtet, um Verständnis und Gedächtnis zu trainieren. In der Wirtschaft sind sie häufig Teil von Führungskräfteschulungen. In Naturwissenschaft und Technik bedient man sich ihrer, um die Fähigkeit, Laien schwierige Sachverhalte zu erklären, zu erhöhen. Trotzdem sind die allgemeinen Zielsetzungen von Zuhörseminaren die gleichen. Ein Ziel ist die Verbesserung des Wissens der Teilnehmer über den Prozeß des Zuhörens als solchem. Zweitens, ihn Einsicht gewinnen zu lassen in seine individuellen Zuhörgewohnheiten und -fähigkeiten. Drittens, ihm Techniken sowie methodische und praktische Hinweise zur Verbesserung seiner Zuhörfähigkeit zu vermitteln.

Wir wollen nun ein typisches Zweitages-Zuhörseminar beschreiben – ein Programm für Ingenieure, das ihre Fähigkeit erhöhen soll, komplexe technische Projekte, die auch Computerprogrammierung beinhalten, zu leiten. Unser Kurs findet in einem großen Hotel in Atlanta statt. Anwesend sind 26 Projektleiter aus verschiedenen Wirtschaftsbereichen. Es ist 8 Uhr an einem schönen Tag im Oktober, und die 19 Herren und 7 Damen sind pünktlich erschienen. Der Kurs wird von mehreren Organisationen veranstaltet. Im Foyer vor dem großzügigen Trainingsraum sind Kaffee, Gebäck und Brötchen auf weißgedeckten Tischen aufgebaut. Die Teilnehmer unterhalten sich leise, während sie die Erfrischungen zu sich nehmen. Auch wenn die meisten dieser Führungskräfte aus eigenem Antrieb hier sind, scheinen sie sich doch zu fragen, auf was sie sich hier wohl eingelassen haben, und bei einigen, denen man die Teilnahme angetragen hat, ist leichte Skepsis zu spüren.

Das Seminar soll um 8.30 Uhr beginnen. Die Damen und Herren begeben sich in den Trainingsraum mit den in U-Form aufgestellten Tischen. Jeder kann sich seinen Platz selbst wählen. Auf jedem Tisch liegen Schreibblock, Bleistifte und Arbeitsunterlagen. Jeder trägt ein Namensschild, das er am Eingang empfangen hat. Die hufeisenförmige Form der Tische erleichtert es den Teilnehmern, einander zu sehen und miteinander zu sprechen und zu interagieren. Der Dozent steht am offenen Teil des U, wo er gut gesehen und angesprochen werden kann. Gläser und Krüge mit Eiswasser stehen auf den Tischen, die Atmosphäre ist angenehm und entspannt. An der Wand vorne hängt eine Leinwand, seitlich stehen Overhead-Projektoren, Flip-Chart und Tafel. Es wird still im Raum. Der Dozent erhebt sich lächelnd. Er begrüßt die Teilnehmer, bedankt sich für ihr Kommen und eröffnet das Seminar. Dann sagt er:

> „Ich möchte Sie bitten, sich nun einige Minuten dafür zu nehmen, auf dem Block vor Ihnen die Gründe zu notieren, die Sie bewogen haben, zu kommen. Ich möchte, daß Sie sich über die Dinge klar werden, die Sie hier erhoffen zu lernen und die Sie hier diskutieren möchten."

Die Teilnehmer schreiben die Gründe ihrer Teilnahme nieder und was sie davon zu gewinnen hoffen. Nach einiger Zeit bittet sie der Dozent oder Leiter der Gruppe, sich reihum vorzustellen, ihr Unternehmen zu nennen, etwas über sich zu erzählen und den Hauptnutzen zu nennen, den sie sich von diesem Kurs erhoffen. Das bringt Leben in die Gruppe und konzentriert die Debatte sofort auf den Wert und Sinn des Seminars. Und vor allem lernen sich die Teilnehmer kennen und tauschen ihre Erfahrungen aus. Es gibt Fragen und Diskussionen. Bis zur Kaffeepause sind sich die Teilnehmer im klaren darüber, daß Zuhören von besonderer Bedeutung für ihre eigene Arbeit und ihre spezifischen Interessen ist.

Nach der Kaffeepause ist es Zeit für den eigentlichen Inhalt des Kurses. Der Dozent erhebt sich wieder:

> „Wir kommen nun zum ersten Test Ihrer Zuhörfähigkeit – der ersten Prüfung dieses Tages. Würden Sie bitte niederschreiben, was Ihr Vorredner bei der Vorstellung über seinen persönlichen Hintergrund gesagt hat."

Diese Anweisung ruft gewöhnlich verblüfftes Schweigen und dann schallendes Gelächter hervor, weil die meisten Zuhörer der Person, die sich vor ihnen vorgestellt hatte, nicht zugehört hatten – sie waren zu eifrig dabei, darüber nachzudenken, was sie selbst sagen sollten.

Nun gibt der Dozent einen historischen Abriß über das Zuhörproblem und erläutert den Inhalt des Kurses. Das Seminar ist im wesentlichen genauso aufgebaut wie das vorliegende Buch. Der erste Trainingstag ist Übungen im Zuhören gewidmet, der Rolle des Zuhörens im Leben des einzelnen, dem Stellenwert des Zuhörens in der menschlichen Kommunikation, einer sorgfältigen Analyse seiner Elemente und einer Reihe von Tests und Fragen, die es den Teilnehmern ermöglichen, ihre Zuhörgewohnheiten zu analysieren und sich selbst als Zuhörer realistisch einzuschätzen. Am Nachmittag stellen die Teilnehmer, basierend auf Übungen, Tests und Diskussionen über die Bedeutung der Fragebogenergebnisse, ein persönliches Zuhörprofil zusammen und erhalten so ein Bild ihrer Zuhör- und Kommunikationsfähigkeiten. Am Ende des ersten Tages haben die Teilnehmer eine neue Sicht über das Problem des Zuhörens und – vor allem – neue und oft überraschende Einsichten über sich selbst, ihr Leben und ihre berufliche Laufbahn gewonnen.

In jeder Phase des zweitägigen Seminars gibt es Übungen, die zum Teil auf Band aufgenommen werden. In einigen Phasen lösen die Teilnehmer paarweise bestimmte Zuhöraufgaben. Am Ende des ersten Tages werden drei Aufgaben vergeben, die das während des Seminars Gelernte zum Gegenstand haben, um die Teilnehmer dazu zu ermuntern, ihre Fertigkeiten im Zuhören zu üben.

Der zweite Tag beginnt mit ein oder zwei kurzen Bändern, an Hand derer das Zuhören vertieft wird. Dann wird der Stellenwert des Zuhörens im gesamten Kommunikationsprozeß behandelt. Die fünf grundlegenden Arten menschlicher Kommunikation werden besprochen, Beispiele behandelt; die Teilnehmer diskutieren ihre eigenen Erfahrungen beim Zuhören. Sie beginnen zu verstehen, wie die verschiedenen Formen der Kommunikation ihre Zuhörfähigkeiten steigern können, wie sie intelligenter und effektiver antworten können und wie sie schwerwiegende Fehler beim Reagieren vermeiden können.

Am Nachmittag des zweiten Tages haben sich die Teilnehmer ausreichend Wissen über den Zuhörprozeß und was mit ihm zusammenhängt angeeignet und wenden sich anschließend dem Studium der Vorgehensweisen, Einstellungen und Techniken zu, die sich bei der Verbesserung der Zuhörfähigkeit bewährt haben. Es wird ihnen Gelegenheit gegeben, einige von ihnen einzuüben und sich selbst mit Hilfe von Bandaufnahmen zu testen. Anschließend werden sie aufgefordert, individuelle Pläne zur Verbesserung des Zuhörens auszuarbeiten, in denen das Gelernte über die eigenen Zuhörgewohnheiten verarbeitet werden können. Die Pläne berücksichtigen so die unterschiedlichen Gewohnheiten und Terminpläne des einzelnen.

Das Seminar endet mit der Zusammenfassung der Inhalte der vergangenen zwei Tage durch den Dozenten: Die Vorteile guten Zuhörens, das Zuhörmodell, die Rolle des Zuhörens im Kommunikationsprozeß, die Entwicklung und Anwendung der Zuhörtechniken sowie das persönliche Verbesserungsprogramm. Er faßt nochmals die enormen Gewinne, die in der Vergangenheit mit gutem Zuhören gemacht worden sind und die auch jeder andere mit Hilfe gründlichen Zuhörens erzielen kann, zusammen.

Die Reaktionen auf solche Zuhörseminare sind in der Regel außergewöhnlich positiv. Der eindrucksvollste Nutzen ist vielleicht die neue klarere Sicht, die die Teilnehmer über sich selbst und ihre Beziehung zu anderen erlangen. Zuhören ist Teil der Kommunikation, und Kommunikation ist die vielleicht größte Gabe, über die wir verfügen, die tiefgreifendste und universellste. Der Aspekt des Zuhörens während der Kommunikation, der lange ignoriert oder als passive Pause innerhalb der verbalen Kommunikation betrachtet worden ist, ist nun als Schlüssel zum Kommunikationsprozeß erkannt worden. Unser ganzes Bildungssystem baut darauf auf, auch wenn Zuhören selbst heute noch selten gelehrt wird. Doch sobald wir über das Zuhören nachdenken, erkennen wir, wie stark es unser Leben beeinflußt.

6. Anhang:

Beispiel eines persönlichen Zuhörprofils: Fragebogen zur Selbstanalyse

Der im folgenden abgebildete Zuhörfragebogen zur Selbstanalyse ist bereits bei mehreren hundert Zuhörseminaren verwendet worden. Die Teilnehmer werden jeweils gebeten, ihn vor dem Seminar auszufüllen und dem Dozenten zuzuschicken.

6.1 Wirkungsvolles Zuhören – Aufgaben vor Seminarbeginn

Anweisung: Um die Zeit während des bevorstehenden Zuhörseminars voll nutzen zu können, füllen Sie bitte vorab das folgende persönliche Zuhörprofil (PZP) gründlich und aufmerksam aus. Sie brauchen nicht Ihren Namen einzutragen.

6.2 Selbstanalyse

1. Wie würden Sie sich insgesamt als Zuhörer beschreiben? (Bitte machen Sie um die zutreffendste Beschreibung einen Kreis.)

überragend ausgezeichnet überdurchschnittlich durchschnittlich unterdurchschnittlich schlecht katastrophal

2. Wie würden Sie sich am Arbeitsplatz insgesamt als Zuhörer beschreiben?

überragend ausgezeichnet überdurchschnittlich durchschnittlich unterdurchschnittlich schlecht katastrophal

3. Wie würden Sie sich zu Hause insgesamt als Zuhörer beschreiben?

überragend ausgezeichnet überdurchschnittlich durchschnittlich unterdurchschnittlich schlecht katastrophal

4. Wie würden Sie sich auf einer Skala von 0–100 (100 = höchste Einstufung)

a) insgesamt ________
b) am Arbeitsplatz ________
c) zu Hause ________
d) im Umgang mit anderen ________ einstufen?

5. Welche 4 Worte beschreiben Sie am besten als Zuhörer?

a) insgesamt ___ ___ ___ ___
b) am Arbeitsplatz ___ ___ ___ ___
c) zu Hause ___ ___ ___ ___
d) im Umgang mit anderen ___ ___ ___ ___

6.3 Analyse anderer und durch andere

1. Wie glauben Sie, daß die folgenden Personen Sie als Zuhörer einschätzen würden? Benutzen Sie wieder die Skala von 0–100. Tragen Sie gegebenenfalls NZ für nicht zutreffend ein.

Person	**0–100**	**Beschreibung**
Ihr bester Freund	______	________________
Ihr Chef	______	________________
Ein Kollege	______	________________
Einer Ihrer Mitarbeiter	______	________________
Ein Kunde	______	________________
Ihr Ehegatte	______	________________
Ihr Kind	______	________________
Andere	______	________________

2. Wie würden Sie auf der Skala von 0–100 die folgenden Personen beurteilen? Tragen Sie ggfs. NZ für nicht zutreffend ein.

Person	**0–100**	**Beschreibung**
Ihren besten Freund	______	____________________
Ihren Chef	______	____________________
Einen Kollegen	______	____________________
Einen Ihrer Mitarbeiter	______	____________________
Einen Kunden	______	____________________
Ihren Ehepartner	______	____________________
Ihr Kind	______	____________________
Andere	______	____________________

6.4 Analyse anderer

1. ______ (Initialen genügen) ist der **beste Zuhörer,** den ich kenne. Ich würde ihn so beschreiben:

0–100	**Beschreibung**
__________	____________________

2. ______ (Initialen genügen) ist der schlechteste Zuhörer, den ich kenne. Ich würde ihn so beschreiben:

0–100	**Beschreibung**
__________	____________________

Anweisung: Vielen Dank für Ihre gründlich durchdachten Antworten. Sehen Sie nun Ihre verbale Beschreibung noch einmal durch und markieren Sie jede Aussage mit „+“ für positiv, „0“ für neutral und „–“ für negativ, um deutlich zu machen, wie Sie jedes der Worte verwenden. Machen Sie eine Kopie und bringen Sie diese mit in unser Zuhörseminar.

Sachregister